Kolači koji će vas razveseliti 2023

Otkrijte tajne izrade savršenih kolača s ovim jednostavnim i ukusnim receptima

Ema Franić

Sadržaj

Gâteau pjena od jagoda 12
Badnjak 14
Uskrsni Bonnet kolač 16
Uskrsna Simnel torta 17
Torta dvanaeste noći 19
Kolač od jabuka u mikrovalnoj pećnici 20
Kolač od jabuka u mikrovalnoj pećnici 21
Kolač od jabuka i oraha u mikrovalnoj pećnici 22
Kolač od mrkve u mikrovalnoj 23
Kolač od mrkve, ananasa i oraha u mikrovalnoj pećnici 24
Kolači od mekinja začinjeni u mikrovalnoj pećnici 26
Kolač od sira od banane i marakuje u mikrovalnoj pećnici 27
Pečeni kolač od sira od naranče u mikrovalnoj 28
Kolač od sira od ananasa u mikrovalnoj pećnici 29
Štruca od trešanja i oraha u mikrovalnoj pećnici 30
Čokoladni kolač u mikrovalnoj pećnici 31
Čokoladni kolač od badema u mikrovalnoj pećnici 32
Dupli čokoladni kolačići u mikrovalnoj pećnici 34
Čokoladne pločice s datuljama u mikrovalnoj pećnici 35
Čokoladni kvadratići za mikrovalnu 36
Brzi kolač od kave u mikrovalnoj pećnici 38
Božićni kolač u mikrovalnoj pećnici 39
Torta od mrvica u mikrovalnoj 41
Trake datuma u mikrovalnoj pećnici 42

Kruh od smokava u mikrovalnoj pećnici 43

Flapjacks za mikrovalnu 44

Voćni kolač u mikrovalnoj pećnici 45

Voće i kokosovi kvadrati za mikrovalnu 46

Torta za pečenje u mikrovalnoj pećnici 47

Medenjaci za mikrovalnu 48

Pločice đumbira za mikrovalnu 49

Golden Cake u mikrovalnoj pećnici 50

Kolač od meda i lješnjaka u mikrovalnoj 51

Muesli pločice za žvakanje u mikrovalnoj pećnici 52

Torta od oraha u mikrovalnoj 53

Kolač od soka od naranče u mikrovalnoj pećnici 54

Mikrovalna Pavlova 55

Kolač u mikrovalnoj pećnici 56

Torta od jagoda u mikrovalnoj pećnici 57

Biskvit za mikrovalnu 58

Sultana barovi za mikrovalnu pećnicu 59

Čokoladni keksi u mikrovalnoj pećnici 60

Kolačići s kokosom u mikrovalnoj pećnici 61

Florentinci u mikrovalnoj pećnici 62

Keksi od lješnjaka i trešnje u mikrovalnoj pećnici 63

Sultana keksi za mikrovalnu 64

Kruh od banane u mikrovalnoj 65

Kruh sa sirom u mikrovalnoj pećnici 66

Štruca od oraha u mikrovalnoj pećnici 67

Amaretti torta bez pečenja 68

Američke hrskave rižine pločice 69

Kvadrati marelica 70

Švicarska torta od marelica 71

Kolači od lomljenog keksa 72

Kolač s mlaćenicom bez pečenja 73

Kriška kestena 74

Kesten biskvit 75

Pločice čokolade i badema 77

Čokoladni prhki kolač 78

Kvadrati od čokoladnih mrvica 79

Čokoladna torta hladnjak 80

Torta od čokolade i voća 81

Kvadratići čokolade i đumbira 82

Luksuzni kvadrati čokolade i đumbira 83

Čokoladni kolačići od meda 84

Čokoladni sloj torte 85

Lijepe čokoladne pločice 86

Čokoladni kvadratići pralina 87

Kokos Crunchies 88

Crunch pločice 89

Hrskavi kolačići od kokosa i grožđica 90

Kvadrati od kave i mlijeka 91

Voćni kolač bez pečenja 92

Voćni kvadrati 93

Pucketanje od voća i vlakana 94

Slojeviti kolač od nugata 95

Trgovi mlijeka i muškatnog oraščića 96

Muesli Crunch 98

Narančasti mousse kvadratići	99
Kvadratići od kikirikija	100
Pepermint karamel kolači	101
Kolačići od riže	102
Toffete od riže i čokolade	103
Pasta od badema	104
Pasta od badema bez šećera	105
Royal Icing	106
Glazura bez šećera	107
Zaleđivanje od fondanta	108
Glazura od maslaca	109
Glazura od čokoladnog maslaca	110
Glazura od maslaca od bijele čokolade	111
Glazura od maslaca od kave	112
Glazura od limunovog maslaca	113
Glazura od narančinog maslaca	114
Glazura od krem sira	115
Glazura od naranče	116
Glazura od likera od naranče	117
Kolačići od zobi i grožđica	118
Začinjeni zobeni keksi	119
Punozrnati zobeni keksi	120
Keksi od naranče	121
Keksi od naranče i limuna	122
Keksi od naranče i oraha	123
Keksi s komadićima naranče i čokolade	124
Keksi sa začinjenom narančom	125

Keksi s maslacem od kikirikija 126
Maslac od kikirikija i čokoladni kolutići 127
Ovseni keksi s maslacem od kikirikija 128
Keksi s medom i kokosom i kikiriki puterom 129
Keksi s pekan orahom 130
Pinwheel keksi 131
Brzi keksi s mlaćenicom 132
Keksi s grožđicama 133
Mekani keksi s grožđicama 134
Kriške grožđica i melase 135
Ratafia keksi 136
Kolačići od riže i muslija 137
Romanske kreme 138
Keksi s pijeskom 139
Kolačići s kiselim vrhnjem 140
Keksi od smeđeg šećera 141
Keksi od šećera i muškatnog oraščića 142
Prhko tijesto 143
Božićni prhki kruh 144
Pecivo s medom 145
Prhki kolač od limuna 146
Prhko pecivo od mljevenog mesa 147
Prhko tijesto s orašastim plodovima 148
Narančasto pecivo 149
Rich Man's Shortbread 150
Prhko pecivo od integralne zobi 151
Bademovi vrtlozi 152

Čokoladni meringu kolačić 153
Biskvit Ljudi 154
Ledeni kolač od đumbira 155
Shrewsbury keksi 156
Španjolski začinjeni keksi 157
Starinski začinski keksi 158
Melasa keksi 159
Kolačići od melase, marelice i oraha 160
Kolačići od melase i mlaćenice 161
Melasa i keksi od kave 162
Kolačići od melase i datulja 163
Kolačići od melase i đumbira 164
Keksići od vanilije 165
Keksi od oraha 166
Hrskavi keksići 167
Cheddar keksi 168
Keksi s plavim sirom 169
Keksi od sira i sezama 170
Slamke od sira 171
Keksi od sira i rajčice 172
Zalogaji od kozjeg sira 173
Rolice od šunke i senfa 174
Keksi od šunke i paprike 175
Jednostavni keksi s biljem 176
Indijski keksi 177
Prhko pecivo s lješnjacima i lukom 178
Keksi od lososa i kopra 179

Soda keksi 180

Vrtnjače od rajčice i parmezana 181

Keksi od rajčice i začinskog bilja 182

Osnovna bijela štruca 183

Bagels 184

Baps 185

Kremasta ječmena štruca 186

Pivski kruh 187

Bostonski smeđi kruh 188

Bran Saksije za cvijeće 189

Rolice s maslacem 190

Štruca s mlaćenicom 191

Kanadski kukuruzni kruh 192

Cornish Rolls 193

Seoski somun 194

Seoska pletenica od maka 195

Seoski integralni kruh 196

Curry pletenice 197

Devon Splits 199

Kruh s plodovima pšeničnih klica 200

Voćne mliječne pletenice 201

Žitni kruh 202

Žitnica Rolls 203

Žitni kruh s lješnjacima 204

Grisini 205

Žetvena pletenica 206

Mliječni kruh 208

Voćna štruca s mlijekom 209

Morning Glory kruh 210

Muffin kruh 211

Kruh koji se ne diže 212

Tijesto za pizzu 213

Zobeni klip 214

Zobene pahuljice Farl 215

Pitta kruh 216

Brzi smeđi kruh 217

Vlažni rižin kruh 218

Štruca s rižom i bademima 219

Hrskavi dvopek 220

Raženi kruh 221

Gâteau pjena od jagoda

Za jednu tortu od 23 cm/9

Za tortu:

100 g/4 oz/1 šalica samodizajućeg (samodizajućeg) brašna

100 g/4 oz/½ šalice maslaca ili margarina, omekšalog

100 g/4 oz/½ šalice sitnog (superfinog) šećera

2 jaja

Za mousse:

15 ml/1 žlica želatine u prahu

30 ml/2 žlice vode

450 g/1 lb jagoda

3 jaja, odvojena

75 g/3 oz/1/3 šalice sitnog (superfinog) šećera

5 ml/1 žličica soka od limuna

300 ml/½ pt/1¼ šalice dvostrukog (gustog) vrhnja

30 ml/2 žlice narezanih (narezanih) badema, lagano tostiranih

Pomiješajte sastojke za kolač dok ne postanu glatki. Žlicom stavljajte u podmazan i obložen kalup za torte (tepsiju) veličine 23 cm/9 i pecite u prethodno zagrijanoj pećnici na 190°C/375°F/plinska oznaka 5 25 minuta dok ne porumene i postanu čvrsti na dodir. Izvaditi iz kalupa i ostaviti da se ohladi.

Da biste napravili mousse, pospite želatinu vodom u zdjeli i ostavite dok ne postane spužvasta. Stavite zdjelu u posudu s vrućom vodom i ostavite dok se ne otopi. Ostaviti da se malo ohladi. U međuvremenu, napravite pire od 350 g/12 oz jagoda, zatim ih protrljajte kroz sito (cjedilo) da uklonite koštice. Istucite žumanjke i šećer dok ne postanu blijedi i gusti, a smjesa se u obliku vrpci povlači s pjenjače. Umiješajte pire, limunov sok i želatinu. Istucite čvrsti šlag pa pola umiješajte u smjesu. Čistom pjenjačom i zdjelom umutite bjelanjke u čvrsti snijeg pa ih umiješajte u smjesu.

Prerežite biskvit vodoravno na pola i stavite jednu polovicu na dno čistog kalupa za torte (tepsije) obloženog prozirnom folijom (plastičnom folijom). Preostale jagode narežite i rasporedite po biskvitu, zatim prelijte aromatiziranom kremom i na kraju drugi sloj torte. Pritisnite vrlo nježno. Ohladite dok se ne stegne.

Za posluživanje preokrenite gateau na tanjur za posluživanje i uklonite prozirnu foliju (plastični omot). Ukrasite preostalom kremom i ukrasite bademima.

Badnjak

Čini jedan

3 jaja

100 g/4 oz/½ šalice sitnog (superfinog) šećera

100 g/4 oz/1 šalica glatkog (višenamjenskog) brašna

50 g/2 oz/½ šalice obične (poluslatke) čokolade, naribane

15 ml/1 žlica vruće vode

Žestoki (superfini) šećer za valjanje

Za glazuru (glazuru):

175 g/6 oz/¾ šalice maslaca ili margarina, omekšalog

350 g/12 oz/2 šalice šećera u prahu (poslastičarskog), prosijanog

30 ml/2 žlice tople vode

30 ml/2 žlice kakaa (nezaslađene čokolade) u prahu Za ukrašavanje:

Listovi božikovine i crvendać (po želji)

Umutite jaja i šećer u zdjeli otpornoj na toplinu postavljenoj iznad posude s vodom koja lagano ključa. Nastavite tući dok smjesa ne postane čvrsta i dok se ne slijeva s pjenjače u vrpcama. Maknite s vatre i tucite dok se ne ohladi. Umiješajte pola brašna, zatim čokoladu, pa preostalo brašno, pa umiješajte vodu. Stavite žlicom u podmazan i obložen kalup za švicarske rolade (posuda za žele rolade) i pecite u prethodno zagrijanoj pećnici na 220°C/425°F/plinska oznaka 7 oko 10 minuta dok ne postane čvrsto na dodir. Pospite veliki list masnog (voštanog) papira sitnim šećerom. Preokrenite tortu iz kalupa na papir i odrežite rubove. Pokrijte drugim listom papira i zarolajte labavo od kraćeg ruba.

Za glazuru, umutite maslac ili margarin i šećer u prahu, a zatim umutite vodu i kakao. Hladnu tortu razmotati, skinuti papir i premazati tortu polovinom glazure. Ponovno ga zarolajte, a zatim pospite preostalom glazurom, označite vilicom da izgleda kao cjepanica. Po vrhu pospite malo šećera u prahu i ukrasite po želji.

Uskrsni Bonnet kolač

Za jednu tortu od 20 cm/8

75 g/3 oz/1/3 šalice muscovado šećera

3 jaja

75 g/3 oz/¾ šalice samodizajućeg (samodizajućeg) brašna

15 ml/1 žlica kakaa (nezaslađene čokolade) u prahu

15 ml/1 žlica tople vode

Za nadjev:
50 g/2 oz/¼ šalice maslaca ili margarina, omekšalog

75 g/3 oz/½ šalice šećera u prahu (slastičarskog), prosijanog

Za preljev:
100 g/4 oz/1 šalica obične (poluslatke) čokolade

25 g/1 oz/2 žlice maslaca ili margarina

Traka ili šećerno cvijeće (po izboru)

Pomiješajte šećer i jaja u zdjeli otpornoj na toplinu postavljenoj iznad posude s vodom koja lagano ključa. Nastavite tući dok smjesa ne postane gusta i kremasta. Ostavite da odstoji nekoliko minuta, zatim maknite s vatre i ponovno miksajte dok smjesa ne ostavi trag kad se makne pjenjača. Umiješajte brašno i kakao pa umiješajte vodu. Smjesu žlicom sipajte u podmazan i obložen kalup za torte (tepsiju) 20 cm/8 te namašćen i obložen kalup za torte 15 cm/6. Pecite u prethodno zagrijanoj pećnici na 200°C/400°F/plinska oznaka 6 15-20 minuta dok dobro ne naraste i postane čvrsto na dodir. Ostavite da se ohladi na rešetki.

Za nadjev umutite margarin i šećer u prahu. Koristite za sendvič manjeg kolača na većem.

Da biste napravili preljev, otopite čokoladu i maslac ili margarin u zdjeli otpornoj na toplinu postavljenoj iznad posude s vodom koja lagano ključa. Tortu žlicom mazati preljevom i namazati nožem umočenim u vruću vodu da bude potpuno prekriven. Ukrasite oko ruba vrpcom ili šećernim cvjetovima.

Uskrsna Simnel torta

Za jednu tortu od 20 cm/8

225 g/8 oz/1 šalica maslaca ili margarina, omekšalog

225 g/8 oz/1 šalica mekog smeđeg šećera

Naribana korica 1 limuna

4 jaja, istučena

225 g/8 oz/2 šalice glatkog (višenamjenskog) brašna

5 ml/1 žličica praška za pecivo

2,5 ml/½ žličice naribanog muškatnog oraščića

50 g/2 oz/½ šalice kukuruznog brašna (kukuruzni škrob)

100 g/4 oz/2/3 šalice sultanije (zlatne grožđice)

100 g/4 oz/2/3 šalice grožđica

75 g/3 oz/½ šalice ribiza

100 g/4 oz/½ šalice glacé (kandiranih) trešanja, nasjeckanih

25 g/1 oz/¼ šalice mljevenih badema

450 g/1 lb paste od badema

30 ml/2 žlice džema od marelica (sačuvati)

1 bjelanjak, tučen

Miksajte maslac ili margarin, šećer i koricu limuna dok ne postane blijedo i pjenasto. Postupno umiješajte jaja, zatim dodajte brašno, prašak za pecivo, muškatni oraščić i kukuruzno brašno. Umiješajte voće i bademe. Pola smjese žlicom stavite u podmazan i obložen duboki kalup za torte (tepsiju) veličine 20 cm/8. Pola paste od badema razvaljajte u krug veličine kolača i stavite na vrh smjese.

Napunite preostalom smjesom i pecite u prethodno zagrijanoj pećnici na 160°C/325°F/plinska oznaka 3 2-2½ sata dok ne porumene. Ostaviti da se ohladi u plehu. Kad se ohladi, okrenuti i zamotati u masni (voštani) papir. Čuvajte u hermetički zatvorenoj posudi do tri tjedna ako je moguće da sazrije.

Za završetak kolača premažite vrh džemom. Tri četvrtine preostale paste od badema razvaljajte na 20 cm/8 u krug, poravnajte rubove i stavite na tortu. Preostalu pastu od badema razvaljajte u 11 kuglica (da predstavljaju učenike bez Jude). Gornji dio kolača premažite umućenim bjelanjkom i složite kuglice po rubu kolača pa ih premažite bjelanjkom. Stavite pod vrući roštilj (broilere) na minutu ili tako nešto da malo porumene.

Torta dvanaeste noći

Za jednu tortu od 20 cm/8

225 g/8 oz/1 šalica maslaca ili margarina, omekšalog

225 g/8 oz/1 šalica mekog smeđeg šećera

4 jaja, istučena

225 g/8 oz/2 šalice glatkog (višenamjenskog) brašna

5 ml/1 žličica mljevene mješavine začina (pita od jabuka).

175 g/6 oz/1 šalica sultana (zlatne grožđice)

100 g/4 oz/2/3 šalice grožđica

75 g/3 oz/½ šalice ribiza

50 g/2 oz/¼ šalice glacé (ušećerenih) višanja

50 g/2 oz/1/3 šalice nasjeckane miješane (ušećerene) kore

30 ml/2 žlice mlijeka

12 svijeća za ukrašavanje

Miksajte maslac ili margarin i šećer dok ne postane blijedo i pjenasto. Postupno umiješajte jaja, zatim dodajte brašno, pomiješane začine, voće i koru te miješajte dok se dobro ne sjedini, po potrebi dodajte malo mlijeka da dobijete meku smjesu. Žlicom stavljajte u podmazan i obložen kalup za tortu (tepsiju) veličine 20 cm/8 i pecite u prethodno zagrijanoj pećnici na 180°C/350°F/plinska oznaka 4 2 sata dok ražanj umetnut u sredinu ne izađe čist. Napustiti

Kolač od jabuka u mikrovalnoj pećnici

Čini jedan kvadrat od 23 cm/9

100 g/4 oz/½ šalice maslaca ili margarina, omekšalog

100 g/4 oz/½ šalice mekog smeđeg šećera

30 ml/2 žlice zlatnog (svijetlog kukuruznog) sirupa

2 jaja, lagano tučena

225 g/8 oz/2 šalice samodizajućeg (samodizajućeg) brašna

10 ml/2 žličice mljevene mješavine začina (pita od jabuka).

120 ml/4 fl oz/½ šalice mlijeka

2 jabuke za kuhanje (tart), oguljene, očišćene od jezgre i tanko narezane

15 ml/1 žlica sitnog (superfinog) šećera

5 ml/1 žličica mljevenog cimeta

Kremasto izradite maslac ili margarin, smeđi šećer i sirup dok ne postane blijedo i pjenasto. Postupno umiješajte jaja. Umiješajte brašno i pomiješane začine, pa miješajte mlijekom dok ne dobijete meku smjesu. Umiješajte jabuke. Žlicom izlijte u podmazan i podlogom obložen kalup za mikrovalnu pećnicu veličine 23 cm/9 (cijevasta posuda) i stavite u mikrovalnu pećnicu na Medium 12 minuta dok ne postane čvrsta. Ostavite da odstoji 5 minuta, zatim ga okrenite naopako i pospite šećerom i cimetom.

Kolač od jabuka u mikrovalnoj pećnici

Za jednu tortu od 20 cm/8

100 g/4 oz/½ šalice maslaca ili margarina, omekšalog

175 g/6 oz/¾ šalice mekog smeđeg šećera

1 jaje, lagano tučeno

175 g/6 oz/1½ šalice glatkog (višenamjenskog) brašna

2,5 ml/½ žličice praška za pecivo

Prstohvat soli

2,5 ml/½ žličice mljevene pimente

1,5 ml/¼ žličice naribanog muškatnog oraščića

1,5 ml/¼ žličice mljevenih klinčića

300 ml/½ pt/1¼ šalice nezaslađenog pirea od jabuka (umak)

75 g/3 oz/½ šalice grožđica

Šećer u prahu (poslastičarski) za posipanje

Miksajte maslac ili margarin i smeđi šećer dok ne postane svijetlo i pjenasto. Postupno umiješajte jaje pa dodajte brašno, prašak za pecivo, sol i začine naizmjence s pireom od jabuka i grožđicama. Stavite žlicom u podmazanu i pobrašnjenu četvrtastu posudu za mikrovalnu pećnicu veličine 20 cm/8 i stavite u mikrovalnu pećnicu na visokoj razini 12 minuta. Ostavite da se ohladi u posudi, zatim izrežite na kvadrate i pospite šećerom u prahu.

Kolač od jabuka i oraha u mikrovalnoj pećnici

Za jednu tortu od 20 cm/8

175 g/6 oz/¾ šalice maslaca ili margarina, omekšalog

100 g/4 oz/½ šalice sitnog (superfinog) šećera

3 jaja, lagano tučena

30 ml/2 žlice zlatnog (svijetlog kukuruznog) sirupa

Naribana korica i sok od 1 limuna

175 g/6 oz/1½ šalice samodizajućeg (samodizajućeg) brašna

50 g/2 oz/½ šalice nasjeckanih oraha

1 jestiva (desertna) jabuka, oguljena, očišćena od jezgre i nasjeckana

100 g/4 oz/2/3 šalice (poslastičarskog) šećera u prahu

30 ml/2 žlice soka od limuna

15 ml/1 žlica vode

Polovice oraha za ukrašavanje

Miksajte maslac ili margarin i šećer dok ne postane svijetlo i pjenasto. Postupno dodajte jaja, zatim sirup, limunovu koricu i sok. Umiješajte brašno, nasjeckane orahe i jabuku. Stavite žlicom u podmazanu okruglu posudu za mikrovalnu pećnicu od 20 cm/8 i stavite u mikrovalnu pećnicu na visokoj razini 4 minute. Izvadite iz pećnice i prekrijte folijom. Ostaviti da se ohladi. Pomiješajte šećer u prahu s limunovim sokom i dovoljno vode da dobijete glatku glazuru (glazuru). Premažite tortu i ukrasite polovicama oraha.

Kolač od mrkve u mikrovalnoj

Za jednu tortu od 18 cm/7

100 g/4 oz/½ šalice maslaca ili margarina, omekšalog

100 g/4 oz/½ šalice mekog smeđeg šećera

2 jaja, istučena

Naribana korica i sok 1 naranče

2,5 ml/½ žličice mljevenog cimeta

Prstohvat naribanog muškatnog oraščića

100 g/4 oz mrkve, naribane

100 g/4 oz/1 šalica samodizajućeg (samodizajućeg) brašna

25 g/1 oz/¼ šalice mljevenih badema

25 g/1 oz/2 žlice sitnog (superfinog) šećera

Za preljev:
100 g/4 oz/½ šalice krem sira

50 g/2 oz/1/3 šalice šećera u prahu (slastičarskog), prosijanog

30 ml/2 žlice soka od limuna

Miksajte maslac i šećer dok ne postane svijetlo i pjenasto. Postupno umiješajte jaja pa umiješajte sok i koricu naranče, začine i mrkvu. Umiješajte brašno, bademe i šećer. Žlicom stavljajte u namašćenu i obloženu posudu za torte veličine 18 cm/7 i prekrijte prozirnom folijom (plastičnom folijom). Pecite u mikrovalnoj pećnici na visokoj razini 8 minuta dok ražanj umetnut u sredinu ne izađe čist. Uklonite prozirnu foliju i ostavite stajati 8 minuta prije nego što je okrenete na rešetku da se dovrši hlađenje. Umutiti sastojke za preljev, pa premazati preko ohlađenog kolača.

Kolač od mrkve, ananasa i oraha u mikrovalnoj pećnici

Za jednu tortu od 20 cm/8

225 g/8 oz/1 šalica sitnog (superfinog) šećera

2 jaja

120 ml/4 fl oz/½ šalice ulja

1,5 ml/¼ žličice soli

5 ml/1 žličica sode bikarbone (soda bikarbona)

100 g/4 oz/1 šalica samodizajućeg (samodizajućeg) brašna

5 ml/1 žličica mljevenog cimeta

175 g/6 oz mrkve, naribane

75 g/3 oz/¾ šalice nasjeckanih oraha

225 g/8 oz zdrobljenog ananasa s njegovim sokom

Za glazuru (glazuru):

15 g/½ oz/1 žlica maslaca ili margarina

50 g/2 oz/¼ šalice krem sira

10 ml/2 žličice soka od limuna

Šećer u prahu (slastičarski), prosijani

Veliki prstenasti kalup (tepsiju) obložite papirom za pečenje. Pjenasto izmiješajte šećer, jaja i ulje. Lagano umiješajte suhe sastojke dok se dobro ne sjedine. Umiješajte preostale sastojke za kolač. Ulijte smjesu u pripremljeni kalup, stavite je na rešetku ili preokrenuti tanjur i stavite u mikrovalnu na High 13 minuta ili dok se ne stegne. Ostavite da odstoji 5 minuta, a zatim okrenite na rešetku da se ohladi.

U međuvremenu napravite glazuru. Stavite maslac ili margarin, krem sir i limunov sok u zdjelu i stavite mikrovalnu pećnicu na

Jaku temperaturu 30-40 sekundi. Postupno umiješajte dovoljno šećera u prahu da dobijete gustu smjesu i tucite dok ne postane pjenasto. Kada se kolač ohladi premažite glazurom.

Kolači od mekinja začinjeni u mikrovalnoj pećnici

Čini 15

75 g/3 oz/¾ šalice All Bran žitarica

250 ml/8 tečnih oz/1 šalica mlijeka

175 g/6 oz/1½ šalice glatkog (višenamjenskog) brašna

75 g/3 oz/1/3 šalice sitnog (superfinog) šećera

10 ml/2 žličice praška za pecivo

10 ml/2 žličice mljevene mješavine začina (pita od jabuka).

Prstohvat soli

60 ml/4 žlice zlatnog (svijetlog kukuruznog) sirupa

45 ml/3 žlice ulja

1 jaje, lagano tučeno

75 g/3 oz/½ šalice grožđica

15 ml/1 žlica naribane narančine korice

Namočite žitarice u mlijeku 10 minuta. Pomiješajte brašno, šećer, prašak za pecivo, miješane začine i sol, pa umiješajte u žitarice. Umiješajte sirup, ulje, jaje, grožđice i koricu naranče. Stavite žlicom u papirnate kutije (papir za kolače) i pecite u mikrovalnoj pećnici po pet kolača na visokoj razini 4 minute. Ponovite za preostale kolače.

Kolač od sira od banane i marakuje u mikrovalnoj pećnici

Za jednu tortu od 23 cm/9

100 g/4 oz/½ šalice maslaca ili margarina, otopljenog

175 g/6 oz/1½ šalice mrvica keksa od đumbira (kolačića)

250 g/9 oz/velika 1 šalica krem sira

175 ml/6 fl oz/¾ šalice kiselog (mliječnog kiselog) vrhnja

2 jaja, lagano tučena

100 g/4 oz/½ šalice sitnog (superfinog) šećera

Naribana korica i sok od 1 limuna

150 ml/¼ pt/2/3 šalice vrhnja za šlag

1 banana, narezana na ploške

1 marakuje, nasjeckana

Pomiješajte maslac ili margarin i biskvitne mrvice i utisnite u dno i stranice posude za pečenje u mikrovalnoj pećnici od 23 cm/9. Mikrovalna pećnica na visokoj razini 1 minutu. Ostaviti da se ohladi.

> Istucite svježi sir i kiselo vrhnje dok ne postane glatko, zatim umiješajte jaje, šećer te limunov sok i koricu. Žlicom stavite podlogu i ravnomjerno rasporedite. Kuhajte na srednjoj razini 8 minuta. Ostaviti da se ohladi.

Istucite čvrsti šlag pa ga rasporedite po kalupu. Po vrhu stavite kriške banane i žlicom pospite meso marakuje.

Pečeni kolač od sira od naranče u mikrovalnoj

Za jednu tortu od 20 cm/8

50 g/2 oz/¼ šalice maslaca ili margarina

12 digestivnih keksa (Graham krekeri), mljevenih

100 g/4 oz/½ šalice sitnog (superfinog) šećera

225 g/8 oz/1 šalica krem sira

2 jaja

30 ml/2 žlice koncentriranog soka od naranče

15 ml/1 žlica soka od limuna

150 ml/¼ pt/2/3 šalice kiselog (mliječnog kiselog) vrhnja

Prstohvat soli

1 naranča

30 ml/2 žlice džema od marelica (sačuvati)

150 ml/¼ pt/2/3 šalice dvostrukog (gustog) vrhnja

Rastopite maslac ili margarin u posudi za mikrovalnu pećnicu veličine 20 cm/8 na visokoj temperaturi 1 minutu. Umiješajte biskvitne mrvice i 25 g/1 oz/2 žlice šećera i pritisnite preko dna i stranica posude. Izmiksajte sir s preostalim šećerom i jajima, zatim umiješajte sok od naranče i limuna, kiselo vrhnje i sol. Stavite žlicom u kutiju (ljusku) i stavite u mikrovalnu pećnicu na 2 minute. Ostavite stajati 2 minute, a zatim stavite u mikrovalnu na najjaču još 2 minute. Ostavite stajati 1 minutu, a zatim stavite u mikrovalnu na 1 minutu. Ostaviti da se ohladi.

Ogulite naranču i oštrim nožem izvadite segmente iz opne. Otopite džem i premažite vrh kolača od sira. Umutiti šlag i zavući oko ruba kolača od sira pa ukrasiti djelićima naranče.

Kolač od sira od ananasa u mikrovalnoj pećnici

Za jednu tortu od 23 cm/9

100 g/4 oz/½ šalice maslaca ili margarina, otopljenog

175 g/6 oz/1½ šalice digestivnog keksa (Graham kreker) mrvica

250 g/9 oz/velika 1 šalica krem sira

2 jaja, lagano tučena

5 ml/1 žličica naribane limunove korice

30 ml/2 žlice soka od limuna

75 g/3 oz/1/3 šalice sitnog (superfinog) šećera

400 g/14 oz/1 velika konzerva ananasa, ocijeđenog i zgnječenog

150 ml/¼ pt/2/3 šalice dvostrukog (gustog) vrhnja

Pomiješajte maslac ili margarin i biskvitne mrvice i utisnite u dno i stranice posude za pečenje u mikrovalnoj pećnici od 23 cm/9. Mikrovalna pećnica na visokoj razini 1 minutu. Ostaviti da se ohladi.

> Krem sir, jaja, limunovu koricu i sok te šećer miješajte dok ne dobijete glatku smjesu. Umiješajte ananas i žlicom umiješajte u temeljac. Pecite u mikrovalnoj pećnici na srednjoj razini 6 minuta dok se ne stegne. Ostaviti da se ohladi.

Istucite vrhnje u čvrsti šlag, a zatim nanesite na tortu od sira.

Štruca od trešanja i oraha u mikrovalnoj pećnici

Za jednu štrucu od 900 g/2 lb

175 g/6 oz/¾ šalice maslaca ili margarina, omekšalog

175 g/6 oz/¾ šalice mekog smeđeg šećera

3 jaja, istučena

225 g/8 oz/2 šalice glatkog (višenamjenskog) brašna

10 ml/2 žličice praška za pecivo

Prstohvat soli

45 ml/3 žlice mlijeka

75 g/3 oz/1/3 šalice glacé (ušećerenih) višanja

75 g/3 oz/¾ šalice sjeckanih miješanih orašastih plodova

25 g/1 oz/3 žlice šećera u prahu (slastičarskog), prosijanog

Miksajte maslac ili margarin i smeđi šećer dok ne postane svijetlo i pjenasto. Postupno umiješajte jaja, zatim dodajte brašno, prašak za pecivo i sol. Umiješajte dovoljno mlijeka da dobijete meku smjesu, zatim umiješajte višnje i orahe. Žlicom stavljajte u podmazanu i obloženu posudu za mikrovalnu pećnicu od 900 g/2 lb i pospite šećerom. Pecite u mikrovalnoj pećnici na najjačoj razini 7 minuta. Ostavite stajati 5 minuta, a zatim preokrenite na rešetku da se ohladi.

Čokoladni kolač u mikrovalnoj pećnici

Za jednu tortu od 18 cm/7

225 g/8 oz/1 šalica maslaca ili margarina, omekšalog

175 g/6 oz/¾ šalice sitnog (superfinog) šećera

150 g/5 oz/1¼ šalice samodizajućeg (samodizajućeg) brašna

50 g/2 oz/¼ šalice kakaa (nezaslađene čokolade) u prahu

5 ml/1 žličica praška za pecivo

3 jaja, istučena

45 ml/3 žlice mlijeka

Pomiješajte sve sastojke i žlicom stavite u podmazanu i obloženu posudu za mikrovalnu pećnicu veličine 18 cm/7. Pecite u mikrovalnoj pećnici na visokoj razini 9 minuta dok ne postane čvrsta na dodir. Ostavite da se hladi u posudi 5 minuta, zatim preokrenite na rešetku da se ohladi.

Čokoladni kolač od badema u mikrovalnoj pećnici

Za jednu tortu od 20 cm/8

Za tortu:

100 g/4 oz/½ šalice maslaca ili margarina, omekšalog

100 g/4 oz/½ šalice sitnog (superfinog) šećera

2 jaja, lagano tučena

100 g/4 oz/1 šalica samodizajućeg (samodizajućeg) brašna

50 g/2 oz/½ šalice kakaa (nezaslađene čokolade) u prahu

50 g/2 oz/½ šalice mljevenih badema

150 ml/¼ pt/2/3 šalice mlijeka

60 ml/4 žlice zlatnog (svijetlog kukuruznog) sirupa

Za glazuru (glazuru):

100 g/4 oz/1 šalica obične (poluslatke) čokolade

25 g/1 oz/2 žlice maslaca ili margarina

8 cijelih badema

Da biste napravili kolač, umutite maslac ili margarin i šećer dok ne postane svijetlo i pjenasto. Postupno umiješajte jaja, zatim dodajte brašno i kakao, a zatim i mljevene bademe. Umiješajte mlijeko i sirup i tucite dok ne postane svijetlo i mekano. Stavite žlicom u posudu za mikrovalnu pećnicu od 20 cm/8 obloženu prozirnom folijom (plastičnom folijom) i stavite u mikrovalnu pećnicu na visokoj razini 4 minute. Izvadite iz pećnice, prekrijte vrh folijom i ostavite da se malo ohladi, a zatim preokrenite na rešetku da se ohladi.

Da biste napravili glazuru, otopite čokoladu i maslac ili margarin na jakoj temperaturi 2 minute. Dobro istucite. Bademe do pola umočite u čokoladu, a zatim ostavite da se stegne na komadu masnog (voštanog) papira. Preostalu glazuru prelijte preko torte i rasporedite po vrhu i sa strane. Ukrasite bademima i ostavite da se stegne.

Dupli čokoladni kolačići u mikrovalnoj pećnici

Čini 8

150 g/5 oz/1¼ šalice obične (poluslatke) čokolade, grubo nasjeckane

75 g/3 oz/1/3 šalice maslaca ili margarina

175 g/6 oz/¾ šalice mekog smeđeg šećera

2 jaja, lagano tučena

150 g/5 oz/1¼ šalice glatkog (višenamjenskog) brašna

2,5 ml/½ žličice praška za pecivo

2,5 ml/½ žličice esencije vanilije (ekstrakt)

30 ml/2 žlice mlijeka

Rastopite 50 g/2 oz/½ šalice čokolade s maslacem ili margarinom na visokoj temperaturi 2 minute. Umutite šećer i jaja, zatim umiješajte brašno, prašak za pecivo, aromu vanilije i mlijeko dok smjesa ne postane glatka. Stavite žlicom u podmazanu četvrtastu posudu za mikrovalnu pećnicu veličine 20 cm/8 i stavite u mikrovalnu pećnicu na visokoj razini 7 minuta. Ostavite da se ohladi u posudi 10 minuta. Preostalu čokoladu otopite na High 1 minutu, zatim premažite tortu po vrhu i ostavite da se ohladi. Izrežite na kvadrate.

Čokoladne pločice s datuljama u mikrovalnoj pećnici

Čini 8

50 g/2 oz/1/3 šalice datulja bez koštica, nasjeckanih

60 ml/4 žlice kipuće vode

65 g/2½ oz/1/3 šalice maslaca ili margarina, omekšalog

225 g/8 oz/1 šalica sitnog (superfinog) šećera

1 jaje

100 g/4 oz/1 šalica glatkog (višenamjenskog) brašna

10 ml/2 žličice kakaa (nezaslađene čokolade) u prahu

2,5 ml/½ žličice praška za pecivo

Prstohvat soli

25 g/1 oz/¼ šalice nasjeckanih miješanih orašastih plodova

100 g/4 oz/1 šalica obične (poluslatke) čokolade, sitno nasjeckane

Datulje pomiješajte s kipućom vodom i ostavite stajati dok se ne ohlade. Miksajte maslac ili margarin s pola šećera dok ne postane svijetlo i pjenasto. Postupno umiješati jaje pa naizmjenično dodavati brašno, kakao, prašak za pecivo i sol te smjesu od datulja. Žlicom stavljajte u namašćenu i pobrašnjenu četvrtastu posudu za mikrovalnu pećnicu veličine 20 cm/8. Preostali šećer pomiješajte s orasima i čokoladom i pospite po vrhu lagano pritiskajući. Pecite u mikrovalnoj pećnici na najjačoj razini 8 minuta. Ostavite da se ohladi u posudi prije rezanja na kvadrate.

Čokoladni kvadratići za mikrovalnu

Čini 16

Za tortu:

50 g/2 oz/¼ šalice maslaca ili margarina

5 ml/1 žličica sitnog (superfinog) šećera

75 g/3 oz/¾ šalice glatkog (višenamjenskog) brašna

1 žumanjak

15 ml/1 žlica vode

175 g/6 oz/1½ šalice obične (poluslatke) čokolade, naribane ili sitno nasjeckane

Za preljev:

50 g /2 oz/¼ šalice maslaca ili margarina

50 g/2 oz/¼ šalice sitnog (superfinog) šećera

1 jaje

2,5 ml/½ žličice esencije vanilije (ekstrakt)

100 g/4 oz/1 šalica nasjeckanih oraha

Za izradu kolača omekšali maslac ili margarin i izradite šećer, brašno, žumanjak i vodu. Ravnomjerno rasporedite smjesu u četvrtastu posudu za mikrovalnu pećnicu od 20 cm/8 i stavite je u mikrovalnu pećnicu na 2 minute. Pospite po čokoladi i stavite u mikrovalnu na Jaču 1 minutu. Ravnomjerno rasporedite po podlozi i ostavite dok se ne stvrdne.

Da biste napravili preljev, stavite maslac ili margarin u mikrovalnu na Jaku temperaturu 30 sekundi. Umiješajte preostale sastojke za preljev i premažite preko čokolade. Pecite u mikrovalnoj pećnici na najjačoj razini 5 minuta. Ostaviti da se ohladi pa rezati na kvadrate.

Brzi kolač od kave u mikrovalnoj pećnici

Za jednu tortu od 19 cm/7

Za tortu:

225 g/8 oz/1 šalica maslaca ili margarina, omekšalog

225 g/8 oz/1 šalica sitnog (superfinog) šećera

225 g/8 oz/2 šalice samodizajućeg (samodizajućeg) brašna

5 jaja

45 ml/3 žlice esencije kave (ekstrakt)

Za glazuru (glazuru):

30 ml/2 žlice esencije kave (ekstrakt)

175 g/6 oz/¾ šalice maslaca ili margarina

Šećer u prahu (slastičarski), prosijani

Polovice oraha za ukrašavanje

Pomiješajte sve sastojke za kolač dok se dobro ne sjedine. Podijelite u dvije posude za kolače od 19 cm/7 u mikrovalnoj pećnici i kuhajte svaku na visokoj temperaturi 5-6 minuta. Izvadite iz mikrovalne i ostavite da se ohladi.

Pomiješajte sastojke za glazuru, zasladite po ukusu šećerom u prahu. Kada se ohlade, kolače rasporedite u sendvič s polovicom glazure, a ostatak premažite po vrhu. Ukrasiti polovicama oraha.

Božićni kolač u mikrovalnoj pećnici

Za jednu tortu od 23 cm/9

150 g/5 oz/2/3 šalice maslaca ili margarina, omekšalog

150 g/5 oz/2/3 šalice mekog smeđeg šećera

3 jaja

30 ml/2 žlice crnog melase (melase)

225 g/8 oz/2 šalice samodizajućeg (samodizajućeg) brašna

10 ml/2 žličice mljevene mješavine začina (pita od jabuka).

2. 5 ml/½ žličice naribanog muškatnog oraščića

2,5 ml/½ žličice sode bikarbone (soda bikarbona)

450 g/1 lb/22/3 šalice miješanog suhog voća (mješavina za voćni kolač)

50 g/2 oz/¼ šalice glacé (ušećerenih) višanja

50 g/2 oz/1/3 šalice nasjeckane miješane kore

50 g/2 oz/½ šalice sjeckanih miješanih orašastih plodova

30 ml/2 žlice rakije

Dodatna rakija za odležavanje kolača (po želji)

Miksajte maslac ili margarin i šećer dok ne postane svijetlo i pjenasto. Postupno umiješajte jaja i melasu, zatim dodajte brašno, začine i sodu bikarbonu. Lagano umiješajte voće, pomiješane kore i orašaste plodove pa umiješajte brandy. Stavite žlicom u posudu za mikrovalnu pećnicu od 23 cm/9 obloženu dnom i stavite u mikrovalnu pećnicu na niskoj razini 45-60 minuta. Ostavite da se ohladi u posudi 15 minuta prije nego što je okrenete na rešetku da se dovrši hlađenje.

Kada se ohladi, kolač zamotajte u foliju i ostavite na hladnom i tamnom mjestu 2 tjedna. Po želji vrh torte nekoliko puta probušite tankim štapićem i poškropite s malo rakije, zatim ponovno zamotajte i spremite tortu. To možete učiniti nekoliko puta kako bi kolač bio bogatiji.

Torta od mrvica u mikrovalnoj

Za jednu tortu od 20 cm/8

300 g/10 oz/1¼ šalice sitnog (vrlo finog) šećera

225 g/8 oz/2 šalice glatkog (višenamjenskog) brašna

10 ml/2 žličice praška za pecivo

5 ml/1 žličica mljevenog cimeta

100 g/4 oz/½ šalice maslaca ili margarina, omekšalog

2 jaja, lagano tučena

100 ml/3½ tečne oz/6½ žlice mlijeka

Pomiješajte šećer, brašno, prašak za pecivo i cimet. Razradite maslac ili margarin pa četvrtinu smjese odvojite. Pomiješajte jaja i mlijeko i umiješajte u veći dio smjese za kolače. Žlicom izlijte smjesu u podmazanu i pobrašnjenu posudu za mikrovalnu pećnicu veličine 20 cm/8 i pospite ostavljenom smjesom za mrvljenje. Pecite u mikrovalnoj pećnici na najjačoj razini 10 minuta. Ostavite da se ohladi u posudi.

Trake datuma u mikrovalnoj pećnici

Čini 12

150 g/5 oz/1¼ šalice samodizajućeg (samodizajućeg) brašna

175 g/6 oz/¾ šalice sitnog (superfinog) šećera

100 g/4 oz/1 šalica osušenog (naribanog) kokosa

100 g/4 oz/2/3 šalice datulja bez koštica, nasjeckanih

50 g/2 oz/½ šalice sjeckanih miješanih orašastih plodova

100 g/4 oz/½ šalice maslaca ili margarina, otopljenog

1 jaje, lagano tučeno

Šećer u prahu (slastičarski) za posipanje

Pomiješajte suhe sastojke. Umiješajte maslac ili margarin i jaje pa zamijesite čvrsto tijesto. Utisnite u dno četvrtaste posude za mikrovalnu pećnicu od 20 cm/8 i stavite u mikrovalnu pećnicu na Medium 8 minuta dok se ne stegne. Ostavite u posudi 10 minuta, zatim narežite na štanglice i prevrnite na rešetku da se do kraja ohlade.

Kruh od smokava u mikrovalnoj pećnici

Za jednu štrucu od 675 g/1½ lb

100 g/4 oz/2 šalice mekinja

50 g/2 oz/¼ šalice mekog smeđeg šećera

45 ml/3 žlice bistrog meda

100 g/4 oz/2/3 šalice suhih smokava, nasjeckanih

50 g/2 oz/½ šalice nasjeckanih lješnjaka

300 ml/½ pt/1¼ šalice mlijeka

100 g/4 oz/1 šalica integralnog (cjelovitog) brašna

10 ml/2 žličice praška za pecivo

Prstohvat soli

Zamijesite sve sastojke u čvrsto tijesto. Oblikujte posudu za pečenje u mikrovalnoj pećnici i poravnajte površinu. Kuhajte na jakoj 7 minuta. Ostavite da se hladi u posudi 10 minuta, zatim preokrenite na rešetku da se ohladi.

Flapjacks za mikrovalnu

Čini 24

175 g/6 oz/¾ šalice maslaca ili margarina, omekšalog

50 g/2 oz/¼ šalice sitnog (superfinog) šećera

50 g/2 oz/¼ šalice mekog smeđeg šećera

90 ml/6 žlica zlatnog (svijetlog kukuruznog) sirupa

Prstohvat soli

275 g/10 oz/2½ šalice valjane zobi

Pomiješajte maslac ili margarin i šećere u velikoj zdjeli i kuhajte na jakoj 1 minutu. Dodajte preostale sastojke i dobro promiješajte. Žlicom stavite smjesu u podmazanu posudu za mikrovalnu pećnicu od 18 cm/7 i lagano pritisnite. Kuhajte na jakoj 5 minuta. Ostaviti da se malo prohladi, pa rezati na kvadrate.

Voćni kolač u mikrovalnoj pećnici

Za jednu tortu od 18 cm/7

175 g/6 oz/¾ šalice maslaca ili margarina, omekšalog

175 g/6 oz/¾ šalice sitnog (superfinog) šećera

Naribana korica 1 limuna

3 jaja, istučena

225 g/8 oz/2 šalice glatkog (višenamjenskog) brašna

5 ml/1 žličica mljevene mješavine začina (pita od jabuka).

225 g/8 oz/11/3 šalice grožđica

225 g/8 oz/11/3 šalice sultanki (zlatne grožđice)

50 g/2 oz/¼ šalice glacé (ušećerenih) višanja

50 g/2 oz/½ šalice sjeckanih miješanih orašastih plodova

15 ml/1 žlica zlatnog (svijetlog kukuruznog) sirupa

45 ml/3 žlice rakije

Miksajte maslac ili margarin i šećer dok ne postane svijetlo i pjenasto. Umiješajte limunovu koricu, pa postupno umiješajte jaja. Dodati brašno i pomiješane začine, pa umiješati preostale sastojke. Stavite žlicom u namašćenu i obloženu okruglu posudu za mikrovalnu pećnicu veličine 18 cm/7 i stavite u mikrovalnu pećnicu na niskoj razini 35 minuta dok ražnjić umetnut u sredinu ne izađe čist. Ostavite da se hladi u posudi 10 minuta, zatim preokrenite na rešetku da se ohladi.

Voće i kokosovi kvadrati za mikrovalnu

Čini 8

50 g/2 oz/¼ šalice maslaca ili margarina

9 digestivnih keksa (Graham krekeri), zdrobljenih

50 g/2 oz/½ šalice osušenog (naribanog) kokosa

100 g/4 oz/2/3 šalice nasjeckane miješane (ušećerene) kore

50 g/2 oz/1/3 šalice datulja bez koštica, nasjeckanih

15 ml/1 žlica glatkog (višenamjenskog) brašna

25 g/1 oz/2 žlice glacé (kandiranih) trešanja, nasjeckanih

100 g/4 oz/1 šalica nasjeckanih oraha

150 ml/¼ pt/2/3 šalice kondenziranog mlijeka

Otopite maslac ili margarin u četvrtastoj posudi za mikrovalnu pećnicu od 20 cm/8 na visokoj temperaturi 40 sekundi. Umiješajte biskvitne mrvice i ravnomjerno rasporedite po dnu posude. Pospite kokosom, pa izmiksanom korom. Datulje pomiješajte s brašnom, višnjama i orasima i pospite po vrhu, pa prelijte mlijekom. Pecite u mikrovalnoj pećnici na najjačoj razini 8 minuta. Ostaviti da se ohladi u tepsiji pa iseći na kvadrate.

Torta za pečenje u mikrovalnoj pećnici

Za jednu tortu od 20 cm/8

150 g/5 oz/1¼ šalice glatkog (višenamjenskog) brašna

5 ml/1 žličica praška za pecivo

Prstohvat sode bikarbone (soda bikarbona)

Prstohvat soli

300 g/10 oz/1¼ šalice sitnog (vrlo finog) šećera

50 g/2 oz/¼ šalice maslaca ili margarina, omekšalog

250 ml/8 tečnih oz/1 šalica mlijeka

Nekoliko kapi esencije vanilije (ekstrakt)

1 jaje

100 g/4 oz/1 šalica obične (poluslatke) čokolade, nasjeckane

50 g /2 oz/½ šalice sjeckanih miješanih orašastih plodova

Glazura od čokoladnog maslaca

Pomiješajte brašno, prašak za pecivo, sodu bikarbonu i sol. Umiješajte šećer, zatim umutite maslac ili margarin, mlijeko i aromu vanilije dok ne postane glatko. Umutiti jaje. Tri četvrtine čokolade stavite u mikrovalnu na Jaču 2 minute dok se ne otopi, zatim umiješajte u smjesu za kolač dok ne postane kremasta. Umiješajte orahe. Žlicom rasporedite smjesu u dvije podmazane i pobrašnjene posude 20 cm/8 u mikrovalnu pećnicu i svaku zasebno pecite u mikrovalnoj pećnici 8 minuta. Izvadite iz pećnice, pokrijte folijom i ostavite da se hladi 10 minuta, zatim preokrenite na rešetku da se ohladi. Sendvič zajedno s polovicom glazure od maslaca (glazura), zatim rasporedite preostalu glazuru po vrhu i ukrasite ostavljenom čokoladom.

Medenjaci za mikrovalnu

Za jednu tortu od 20 cm/8

50 g/2 oz/¼ šalice maslaca ili margarina

75 g/3 oz/¼ šalice crnog melase (melase)

15 ml/1 žlica sitnog (superfinog) šećera

100 g/4 oz/1 šalica glatkog (višenamjenskog) brašna

5 ml/1 žličica mljevenog đumbira

2,5 ml/½ žličice mljevene mješavine začina (pita od jabuka).

2,5 ml/½ žličice sode bikarbone (soda bikarbona)

1 jaje, tučeno

Stavite maslac ili margarin u zdjelu i stavite u mikrovalnu pećnicu na Jaku temperaturu 30 sekundi. Umiješajte melasu i šećer i stavite u mikrovalnu na Jaku 1 minutu. Umiješajte brašno, začine i sodu bikarbonu. Umutiti jaje. Žlicom izlijte smjesu u podmazanu posudu od 1,5 litara/2½ pinte/6 šalica i stavite u mikrovalnu pećnicu na visokoj razini 4 minute. Ohladite u posudi 5 minuta, zatim preokrenite na rešetku da se dovrši hlađenje.

Pločice đumbira za mikrovalnu

Čini 12

Za tortu:

150 g/5 oz/2/3 šalice maslaca ili margarina, omekšalog

50 g/2 oz/¼ šalice sitnog (superfinog) šećera

100 g/4 oz/1 šalica glatkog (višenamjenskog) brašna

2,5 ml/½ žličice praška za pecivo

5 ml/1 žličica mljevenog đumbira

Za preljev:

15 g/½ oz/1 žlica maslaca ili margarina

15 ml/1 žlica zlatnog (svijetlog kukuruznog) sirupa

Nekoliko kapi esencije vanilije (ekstrakt)

5 ml/1 žličica mljevenog đumbira

50 g/2 oz/1/3 šalice (poslastičarskog) šećera u prahu

Da biste napravili kolač, umutite maslac ili margarin i šećer dok ne postane svijetlo i pjenasto. Umiješajte brašno, prašak za pecivo i đumbir te zamijesite glatko tijesto. Utisnite u četvrtastu posudu za mikrovalnu pećnicu od 20 cm/8 i stavite u mikrovalnu na Srednju 6 minuta dok se ne stegne.

Za preljev otopite maslac ili margarin i sirupirajte. Umiješajte aromu vanilije, đumbir i šećer u prahu i miksajte dok ne postane gusto. Ravnomjerno rasporedite po toplom kolaču. Ostaviti da se ohladi u posudi, pa rezati na štanglice ili kvadrate.

Golden Cake u mikrovalnoj pećnici

Za jednu tortu od 20 cm/8

Za tortu:

100 g/4 oz/½ šalice maslaca ili margarina, omekšalog

100 g/4 oz/½ šalice sitnog (superfinog) šećera

2 jaja, lagano tučena

Nekoliko kapi esencije vanilije (ekstrakt)

225 g/8 oz/2 šalice glatkog (višenamjenskog) brašna

10 ml/2 žličice praška za pecivo

Prstohvat soli

60 ml/4 žlice mlijeka

Za glazuru (glazuru):

50 g/2 oz/¼ šalice maslaca ili margarina, omekšalog

100 g/4 oz/2/3 šalice (poslastičarskog) šećera u prahu

Nekoliko kapi esencije vanilije (ekstrakt) (po želji)

Za izradu kolača, umutite maslac ili margarin i šećer dok ne postane svijetlo i pjenasto. Postupno umiješajte jaja, zatim dodajte brašno, prašak za pecivo i sol. Umiješajte dovoljno mlijeka da dobijete meku, padajuću konzistenciju. Žlicom podijelite u dvije podmazane i pobrašnjene posude 20 cm/8 u mikrovalnu pećnicu i pecite svaki kolač zasebno na Jakoj 6 minuta. Izvadite iz pećnice, pokrijte folijom i ostavite da se hladi 5 minuta, zatim preokrenite na rešetku da se ohladi.

Da biste napravili glazuru, tucite maslac ili margarin dok ne omekšaju, zatim umiješajte šećer u prahu i aromu vanilije, ako želite. Položite kolače u sendvič s polovicom glazure, a zatim rasporedite ostatak po vrhu.

Kolač od meda i lješnjaka u mikrovalnoj

Za jednu tortu od 18 cm/7

150 g/5 oz/2/3 šalice maslaca ili margarina, omekšalog

100 g/4 oz/½ šalice mekog smeđeg šećera

45 ml/3 žlice bistrog meda

3 jaja, istučena

225 g/8 oz/2 šalice samodizajućeg (samodizajućeg) brašna

100 g/4 oz/1 šalica mljevenih lješnjaka

45 ml/3 žlice mlijeka

Glazura od maslaca

Pomiješajte maslac ili margarin, šećer i med dok ne postane svijetlo i pjenasto. Postupno umiješajte jaja, zatim dodajte brašno i lješnjake te toliko mlijeka da dobijete meku smjesu. Stavite žlicom u mikrovalnu posudu od 18 cm/7 i kuhajte na srednjoj razini 7 minuta. Ostavite da se hladi u posudi 5 minuta, zatim preokrenite na rešetku da se ohladi. Prerežite tortu vodoravno na pola, a zatim je prelijte glazurom od maslaca (glazurom).

Muesli pločice za žvakanje u mikrovalnoj pećnici

Čini oko 10

100 g/4 oz/½ šalice maslaca ili margarina

175 g/6 oz/½ šalice bistrog meda

50 g/2 oz/1/3 šalice gotovih suhih marelica, nasjeckanih

50 g/2 oz/1/3 šalice datulja bez koštica, nasjeckanih

75 g/3 oz/¾ šalice sjeckanih miješanih orašastih plodova

100 g/4 oz/1 šalica valjane zobi

100 g/4 oz/½ šalice mekog smeđeg šećera

1 jaje, tučeno

25 g/1 oz/2 žlice samodizajućeg (samodizajućeg) brašna

Stavite maslac ili margarin i med u zdjelu i kuhajte na visokoj temperaturi 2 minute. Umiješajte sve preostale sastojke. Stavite žlicom u lim za pečenje veličine 20 cm/8 u mikrovalnoj pećnici i pecite u mikrovalnoj pećnici na visokoj razini 8 minuta. Ostavite da se malo prohladi, pa narežite na kockice ili ploške.

Torta od oraha u mikrovalnoj

Za jednu tortu od 20 cm/8

150 g/5 oz/1¼ šalice glatkog (višenamjenskog) brašna

Prstohvat soli

5 ml/1 žličica mljevenog cimeta

75 g/3 oz/1/3 šalice mekog smeđeg šećera

75 g/3 oz/1/3 šalice sitnog (superfinog) šećera

75 ml/5 žlica ulja

25 g/1 oz/¼ šalice nasjeckanih oraha

5 ml/1 žličica praška za pecivo

2,5 ml/½ žličice sode bikarbone (soda bikarbona)

1 jaje

150 ml/¼ pt/2/3 šalice kiselog mlijeka

Pomiješajte brašno, sol i pola cimeta. Umiješajte šećere, zatim tucite ulje dok se dobro ne sjedini. Izvadite 90 ml/6 žlica smjese i umiješajte u orahe i preostali cimet. U glavninu smjese dodajte prašak za pecivo, sodu bikarbonu, jaje i mlijeko te miješajte dok ne dobijete glatku smjesu. Žlicom stavite glavnu smjesu u namašćenu i pobrašnjenu posudu za mikrovalnu pećnicu veličine 20 cm/8 i po vrhu pospite smjesu orašastih plodova. Pecite u mikrovalnoj pećnici na najjačoj razini 8 minuta. Ostavite da se ohladi u posudi 10 minuta i poslužite toplo.

Kolač od soka od naranče u mikrovalnoj pećnici

Za jednu tortu od 20 cm/8

250 g/9 oz/2¼ šalice glatkog (višenamjenskog) brašna

225 g/8 oz/1 šalica granuliranog šećera

15 ml/1 žlica praška za pecivo

2,5 ml/½ žličice soli

60 ml/4 žlice ulja

250 ml/8 tečnih oz/2 šalice soka od naranče

2 jaja, odvojena

100 g/4 oz/½ šalice sitnog (superfinog) šećera

Glazura od narančinog maslaca

Glacé glazura od naranče

Pomiješajte brašno, granulirani šećer, prašak za pecivo, sol, ulje i pola soka od naranče i tucite dok se dobro ne sjedini. Tucite žumanjke i preostali sok od naranče dok ne postanu svijetli i mekani. Od bjelanjaka umutite čvrsti snijeg, zatim dodajte pola šećera i tucite dok ne postane čvrst i sjajan. Umiješajte preostali šećer, pa bjelanjke umiješajte u smjesu za kolače. Žlicom razdijelite u dvije podmazane i pobrašnjene posude veličine 20 cm/8 u mikrovalnu pećnicu i svaku zasebno pecite u mikrovalnoj pećnici na visokoj razini 6-8 minuta. Izvadite iz pećnice, pokrijte folijom i ostavite da se hladi 5 minuta, zatim preokrenite na rešetku da se ohladi. Položite kolače zajedno s glazurom od narančinog maslaca (glazurom) i premažite glazurom od naranče po vrhu.

Mikrovalna Pavlova

Za jednu tortu od 23 cm/9

4 bjelanjka

225 g/8 oz/1 šalica sitnog (superfinog) šećera

2,5 ml/½ žličice esencije vanilije (ekstrakt)

Nekoliko kapi vinskog octa

150 ml/¼ pt/2/3 šalice vrhnja za šlag

1 kivi, narezan na kriške

100 g/4 oz jagoda, narezanih na kriške

Tucite bjelanjke dok ne dobiju mekane vrhove. Pospite pola šećera i dobro umutite. Postupno dodajte ostatak šećera, aromu vanilije i ocat te miksajte dok se ne otopi. Žlicom izlijte smjesu u krug od 23 cm/9 na papiru za pečenje. Pecite u mikrovalnoj pećnici na visokoj razini 2 minute. Ostavite da odstoji u mikrovalnoj pećnici s otvorenim vratima 10 minuta. Izvadite iz pećnice, otkinite podlogu i ostavite da se ohladi. Istucite čvrsti šlag i rasporedite ga po vrhu meringue. Po vrhu atraktivno rasporedite voće.

Kolač u mikrovalnoj pećnici

Za jednu tortu od 20 cm/8

225 g/8 oz/2 šalice glatkog (višenamjenskog) brašna

15 ml/1 žlica praška za pecivo

50 g/2 oz/¼ šalice sitnog (superfinog) šećera

100 g/4 oz/½ šalice maslaca ili margarina

75 ml/5 žlica jednostruke (lagane) kreme

1 jaje

Pomiješajte brašno, prašak za pecivo i šećer, pa utrljajte maslac ili margarin dok smjesa ne bude poput krušnih mrvica. Pomiješajte vrhnje i jaje, zatim umiješajte u smjesu brašna dok ne dobijete mekano tijesto. Utisnite u podmazanu posudu za mikrovalnu pećnicu od 20 cm/8 i stavite u mikrovalnu pećnicu na 6 minuta. Ostavite stajati 4 minute, zatim ga okrenite i dovršite hlađenje na rešetki.

Torta od jagoda u mikrovalnoj pećnici

Za jednu tortu od 20 cm/8

900 g/2 lb jagoda, debelo narezanih

225 g/8 oz/1 šalica sitnog (superfinog) šećera

225 g/8 oz/2 šalice glatkog (višenamjenskog) brašna

15 ml/1 žlica praška za pecivo

175 g/6 oz/¾ šalice maslaca ili margarina

75 ml/5 žlica jednostruke (lagane) kreme

1 jaje

150 ml/¼ pt/2/3 šalice dvostrukog (gustog) vrhnja, tučenog

Pomiješajte jagode sa 175 g/6 oz/¾ šalice šećera, a zatim ih ohladite najmanje 1 sat.

Pomiješajte brašno, prašak za pecivo i preostali šećer, zatim utrljajte 100 g / 4 oz / ½ šalice maslaca ili margarina dok smjesa ne nalikuje krušnim mrvicama. Pomiješajte vrhnje i jaje, zatim umiješajte u smjesu brašna dok ne dobijete mekano tijesto. Utisnite u podmazanu posudu za mikrovalnu pećnicu od 20 cm/8 i stavite u mikrovalnu pećnicu na 6 minuta. Ostavite stajati 4 minute, zatim okrenite i razdvojite po sredini dok je još toplo. Ostaviti da se ohladi.

Obje izrezane površine namažite preostalim maslacem ili margarinom. Preko podloge premažite trećinu šlaga, pa prekrijte s tri četvrtine jagoda. Prelijte još jednom trećinom kreme, a zatim na vrh stavite drugu tortu. Prelijte preostalim vrhnjem i jagodama.

Biskvit za mikrovalnu

Za jednu tortu od 18 cm/7

150 g/5 oz/1¼ šalice samodizajućeg (samodizajućeg) brašna

100 g/4 oz/½ šalice maslaca ili margarina

100 g/4 oz/½ šalice sitnog (superfinog) šećera

2 jaja

30 ml/2 žlice mlijeka

Pomiješajte sve sastojke dok ne postanu glatki. Stavite žlicom u posudu za mikrovalnu pećnicu od 18 cm/7 obloženu bazom i stavite u mikrovalnu pećnicu na Medium 6 minuta. Ostavite da se hladi u posudi 5 minuta, zatim preokrenite na rešetku da se ohladi.

Sultana barovi za mikrovalnu pećnicu

Čini 12

175 g/6 oz/¾ šalice maslaca ili margarina

100 g/4 oz/½ šalice sitnog (superfinog) šećera

15 ml/1 žlica zlatnog (svijetlog kukuruznog) sirupa

75 g/3 oz/½ šalice sultanije (zlatne grožđice)

5 ml/1 žličica naribane limunove korice

225 g/8 oz/2 šalice samodizajućeg (samodizajućeg) brašna

Za glazuru (glazuru):
175 g/6 oz/1 šalica šećera u prahu (poslastičarskog).

30 ml/2 žlice soka od limuna

Stavite maslac ili margarin, šećer i sirup u mikrovalnu na srednje 2 minute. Umiješajte sultanije i limunovu koricu. Umiješajte brašno. Stavite žlicom u podmazanu i obloženu četvrtastu posudu za mikrovalnu pećnicu veličine 20 cm/8 i stavite u mikrovalnu pećnicu na Medium 8 minuta dok ne postane čvrsta. Ostaviti da se malo ohladi.

Stavite šećer u prahu u posudu i napravite udubljenje u sredini. Postupno umiješajte limunov sok da dobijete glatku glazuru. Još toplu premažite preko kolača, pa ostavite da se potpuno ohladi.

Čokoladni keksi u mikrovalnoj pećnici

Čini 24

225 g/8 oz/1 šalica maslaca ili margarina, omekšalog

100 g/4 oz/½ šalice tamno smeđeg šećera

5 ml/1 žličica esencije vanilije (ekstrakt)

225 g/8 oz/2 šalice samodizajućeg (samodizajućeg) brašna

50 g/2 oz/½ šalice čokolade za piće u prahu

Pomiješajte maslac, šećer i esenciju vanilije dok ne postanu svijetli i pjenasti. Postupno umiješajte brašno i čokoladu te umijesite glatko tijesto. Oblikujte kuglice veličine oraha, slažite po šest na podmazan lim za pečenje u mikrovalnoj pećnici (kolačiće) i malo spljoštite vilicom. Stavite svaku seriju u mikrovalnu na Jaku 2 minute, dok svi keksi (kolačići) ne budu pečeni. Ostavite da se ohladi na rešetki.

Kolačići s kokosom u mikrovalnoj pećnici

Čini 24

50 g/2 oz/¼ šalice maslaca ili margarina, omekšalog

75 g/3 oz/1/3 šalice sitnog (superfinog) šećera

1 jaje, lagano tučeno

2,5 ml/½ žličice esencije vanilije (ekstrakt)

75 g/3 oz/¾ šalice glatkog (višenamjenskog) brašna

25 g/1 oz/¼ šalice osušenog (naribanog) kokosa

Prstohvat soli

30 ml/2 žlice džema od jagoda (sačuvati)

Miksajte maslac ili margarin i šećer dok ne postane svijetlo i pjenasto. Umiješajte jaje i aromu vanilije naizmjenično s brašnom, kokosom i solju te zamijesite glatko tijesto. Oblikujte kuglice veličine oraha i slažite po šest na podmazan lim za pečenje u mikrovalnoj pećnici (kolačiće), pa lagano pritisnite vilicom da se malo spljošti. Pecite u mikrovalnoj pećnici na visokoj razini 3 minute dok se ne stegne. Premjestite na rešetku i stavite žlicu pekmeza na sredinu svakog kolačića. Ponovite s preostalim kolačićima.

Florentinci u mikrovalnoj pećnici

Čini 12

50 g/2 oz/¼ šalice maslaca ili margarina

50 g/2 oz/¼ šalice demerara šećera

15 ml/1 žlica zlatnog (svijetlog kukuruznog) sirupa

50 g/2 oz/¼ šalice glacé (ušećerenih) višanja

75 g/3 oz/¾ šalice nasjeckanih oraha

25 g/1 oz/3 žlice sultanije (zlatne grožđice)

25 g/1 oz/¼ šalice narezanih badema u lističima

30 ml/2 žlice nasjeckane miješane (ušećerene) kore

25 g/1 oz/¼ šalice glatkog (višenamjenskog) brašna

100 g/4 oz/1 šalica obične (poluslatke) čokolade, izlomljene (po želji)

Stavite maslac ili margarin, šećer i sirup u mikrovalnu na Jaku 1 minutu dok se ne otope. Umiješajte višnje, orahe, sultanije i bademe pa umiješajte izmiješane kore i brašno. Stavite pune čajne žličice smjese, dobro razmaknute, na masni (voštani) papir i kuhajte četiri po četiri na visokoj razini 1½ minute svaku seriju. Zarežite rubove nožem, ostavite da se hlade na papiru 3 minute, zatim prebacite na rešetku da se do kraja ohlade. Ponovite s preostalim keksima. Ako želite, otopite čokoladu u posudi 30 sekundi i premažite jednu stranu florentinaca, a zatim ostavite da se stegne.

Keksi od lješnjaka i trešnje u mikrovalnoj pećnici

Čini 24

100 g/4 oz/½ šalice maslaca ili margarina, omekšalog

100 g/4 oz/½ šalice sitnog (superfinog) šećera

1 jaje, tučeno

175 g/6 oz/1½ šalice glatkog (višenamjenskog) brašna

50 g/2 oz/½ šalice mljevenih lješnjaka

100 g/4 oz/½ šalice glacé (kandiranih) višanja

Miksajte maslac ili margarin i šećer dok ne postane svijetlo i pjenasto. Postupno umiješajte jaje, zatim dodajte brašno, lješnjake i višnje. Stavite žlice dobro razmaknute na listove za pečenje (kolačiće) u mikrovalnoj pećnici i pecite u mikrovalnoj pećnici osam keksa (kolačića) odjednom na visokoj temperaturi oko 2 minute dok se ne stvrdnu.

Sultana keksi za mikrovalnu

Čini 24

225 g/8 oz/2 šalice glatkog (višenamjenskog) brašna

5 ml/1 žličica mljevene mješavine začina (pita od jabuka).

175 g/6 oz/¾ šalice maslaca ili margarina, omekšalog

100 g/4 oz/2/3 šalice sultanije (zlatne grožđice)

175 g/6 oz/¾ šalice demerara šećera

Pomiješajte brašno i pomiješane začine, zatim umiješajte maslac ili margarin, sultanine i 100 g/4 oz/½ šalice šećera da napravite mekano tijesto. Razvaljajte u dva oblika kobasice dužine oko 18 cm/7 i uvaljajte u preostali šećer. Izrežite na kriške i posložite po šest na podmazan lim za pečenje u mikrovalnoj pećnici (kolačiće) i pecite u mikrovalnoj pećnici na visokoj razini 2 minute. Ostavite da se ohladi na rešetki i ponovite s preostalim biskvitima (kolačićima).

Kruh od banane u mikrovalnoj

Za jednu štrucu od 450 g/1 lb

75 g/3 oz/1/3 šalice maslaca ili margarina, omekšalog

175 g/6 oz/¾ šalice sitnog (superfinog) šećera

2 jaja, lagano tučena

200 g/7 oz/1¾ šalice glatkog (višenamjenskog) brašna

10 ml/2 žličice praška za pecivo

2,5 ml/½ žličice sode bikarbone (soda bikarbona)

Prstohvat soli

2 zrele banane

15 ml/1 žlica soka od limuna

60 ml/4 žlice mlijeka

50 g/2 oz/½ šalice nasjeckanih oraha

Miksajte maslac ili margarin i šećer dok ne postane svijetlo i pjenasto. Postupno umiješajte jaja pa dodajte brašno, prašak za pecivo, sodu bikarbonu i sol. Banane zgnječite s limunovim sokom, pa umiješajte u smjesu s mlijekom i orasima. Stavite žlicom u podmazan i pobrašnjen kalup za kruh (tavu) za mikrovalnu pećnicu od 450 g/1 lb i stavite u mikrovalnu pećnicu na visokoj razini 12 minuta. Izvadite iz pećnice, pokrijte folijom i ostavite da se hladi 10 minuta, zatim preokrenite na rešetku da se ohladi.

Kruh sa sirom u mikrovalnoj pećnici

Za jednu štrucu od 450 g/1 lb

50 g/2 oz/¼ šalice maslaca ili margarina

250 ml/8 tečnih oz/1 šalica mlijeka

2 jaja, lagano tučena

225 g/8 oz/2 šalice glatkog (višenamjenskog) brašna

10 ml/2 žličice praška za pecivo

10 ml/2 žličice senfa u prahu

2,5 ml/½ žličice soli

175 g/6 oz/1½ šalice cheddar sira, naribanog

Otopite maslac ili margarin u maloj posudi na visokoj temperaturi 1 minutu. Umiješajte mlijeko i jaja. Pomiješajte brašno, prašak za pecivo, senf, sol i 100 g/4 oz/1 šalicu sira. Umiješajte mliječnu smjesu dok se dobro ne sjedini. Stavite žlicom u kalup za kruh (tavu) za mikrovalnu pećnicu i pecite u mikrovalnoj pećnici na visokoj razini 9 minuta. Pospite preostalim sirom, pokrijte folijom i ostavite da odstoji 20 minuta.

Štruca od oraha u mikrovalnoj pećnici

Za jednu štrucu od 450 g/1 lb

225 g/8 oz/2 šalice glatkog (višenamjenskog) brašna

300 g/10 oz/1¼ šalice sitnog (vrlo finog) šećera

5 ml/1 žličica praška za pecivo

Prstohvat soli

100 g/4 oz/½ šalice maslaca ili margarina, omekšalog

150 ml/¼ pt/2/3 šalice mlijeka

2,5 ml/½ žličice esencije vanilije (ekstrakt)

4 bjelanjka

50 g/2 oz/½ šalice nasjeckanih oraha

Pomiješajte brašno, šećer, prašak za pecivo i sol. Umutite maslac ili margarin, zatim mlijeko i aromu vanilije. Istucite bjelanjke dok ne postanu kremasti, zatim umiješajte orahe. Stavite žlicom u podmazan i pobrašnjen kalup za kruh (tavu) za mikrovalnu pećnicu od 450 g/1 lb i stavite u mikrovalnu pećnicu na visokoj razini 12 minuta. Izvadite iz pećnice, pokrijte folijom i ostavite da se hladi 10 minuta, zatim preokrenite na rešetku da se ohladi.

Amaretti torta bez pečenja

Za jednu tortu od 20 cm/8

100 g/4 oz/½ šalice maslaca ili margarina

175 g/6 oz/1½ šalice obične (poluslatke) čokolade

75 g/3 oz Amaretti keksa (kolačića), grubo zdrobljenih

175 g/6 oz/1½ šalice nasjeckanih oraha

50 g/2 oz/½ šalice pinjola

75 g/3 oz/1/3 šalice glacé (kandiranih) trešanja, nasjeckanih

30 ml/2 žlice Grand Marnier

225 g/8 oz/1 šalica Mascarpone sira

Otopite maslac ili margarin i čokoladu u zdjeli otpornoj na toplinu postavljenoj iznad posude s lagano ključajućom vodom. Maknite s vatre i umiješajte kekse, orahe i višnje. Žlicom stavljajte u lim za sendviče (tepsiju) obložen prozirnom folijom (plastičnom folijom) i nježno pritisnite. Ohladite 1 sat dok se ne stegne. Preokrenite na tanjur za posluživanje i uklonite prozirnu foliju. Umutite Grand Marnier u Mascarpone i žlicom prelijte temeljac.

Američke hrskave rižine pločice

Čini oko 24 bara

50 g/2 oz/¼ šalice maslaca ili margarina

225 g/8 oz bijeli sljez

5 ml/1 žličica esencije vanilije (ekstrakt)

150 g/5 oz/5 šalica napuhane riže

U velikoj tavi na laganoj vatri otopite maslac ili margarin. Dodajte marshmallows i kuhajte uz stalno miješanje dok se marshmallows ne otopi i smjesa postane sirupasta. Maknite s vatre i dodajte esenciju vanilije. Umiješajte rižine pahuljice dok se ne ujednače. Utisnite u četvrtasti lim (tepsiju) od 23 cm/9 in narežite na kolutiće. Ostaviti da se stegne.

Kvadrati marelica

Čini 12

50 g/2 oz/¼ šalice maslaca ili margarina

175 g/6 oz/1 mala limenka evaporiranog mlijeka

15 ml/1 žlica bistrog meda

45 ml/3 žlice soka od jabuke

50 g/2 oz/¼ šalice mekog smeđeg šećera

50 g/2 oz/1/3 šalice sultanije (zlatne grožđice)

225 g/8 oz/11/3 šalice gotovih suhih marelica, nasjeckanih

100 g/4 oz/1 šalica osušenog (naribanog) kokosa

225 g/8 oz/2 šalice valjane zobi

Otopite maslac ili margarin s mlijekom, medom, sokom od jabuke i šećerom. Umiješajte preostale sastojke. Utisnite u podmazan kalup za pečenje (tepsiju) veličine 25 cm/12 i ohladite prije rezanja na kvadrate.

Švicarska torta od marelica

Za jednu tortu od 23 cm/9

400 g/14 oz/1 velika konzerva polovica marelica, ocijeđenih i soka sačuvanih

50 g/2 oz/½ šalice pudinga u prahu

75 g/3 oz/¼ šalice želea od marelice (prozirno konzervirano)

75 g/3 oz/½ šalice gotovih suhih marelica, nasjeckanih

400 g/14 oz/1 velika limenka kondenziranog mlijeka

225 g/8 oz/1 šalica svježeg sira

45 ml/3 žlice soka od limuna

1 švicarska rolada, narezana na kriške

Nadopunite sok od marelice vodom da dobijete 500 ml/17 tečnih oz/2¼ šalice. Prašak od pudinga pomiješajte s malo tekućine u pastu, a ostatak zakuhajte. Umiješajte kremu od pudinga i žele od marelica i pirjajte dok ne postane gusta i sjajna, neprestano miješajući. Izgnječite konzervirane marelice i dodajte u smjesu sa suhim marelicama. Ostavite da se ohladi uz povremeno miješanje.

Pomiješajte kondenzirano mlijeko, svježi sir i limunov sok dok se dobro ne sjedine, a zatim umiješajte u smjesu želea. Kalup za tortu (tepsiju) od 23 cm/9 obložite prozirnom folijom (plastičnom folijom) i posložite kriške švicarske (žele) rolade po dnu i stranicama kalupa. Žlicom dodajte smjesu za kolač i ohladite dok se ne stegne. Pažljivo okrenite kad ste spremni za posluživanje.

Kolači od lomljenog keksa

Čini 12

100 g/4 oz/½ šalice maslaca ili margarina

30 ml/2 žlice sitnog (superfinog) šećera

15 ml/1 žlica zlatnog (svijetlog kukuruznog) sirupa

30 ml/2 žlice kakaa (nezaslađene čokolade) u prahu

225 g/8 oz/2 šalice mrvica izlomljenog keksa (kolačića).

50 g/2 oz/1/3 šalice sultanije (zlatne grožđice)

Otopite maslac ili margarin sa šećerom i sirupom ne dopustite da smjesa zakipi. Umiješajte kakao, kekse i sultanije. Utisnuti u podmazan kalup (tepsiju) promjera 25 cm/10, ostaviti da se ohladi, pa ohladiti dok se ne stegne. Izrežite na kvadrate.

Kolač s mlaćenicom bez pečenja

Za jednu tortu od 23 cm/9

30 ml/2 žlice pudinga u prahu

100 g/4 oz/½ šalice sitnog (superfinog) šećera

450 ml/¾ pt/2 šalice mlijeka

175 ml/6 tečnih oz/¾ šalice mlaćenice

25 g/1 oz/2 žlice maslaca ili margarina

400 g/12 oz običnih keksa (kolačića), zdrobljenih

120 ml/4 fl oz/½ šalice vrhnja za šlag

Pomiješajte prašak za puding i šećer u pastu s malo mlijeka. Preostalo mlijeko zakuhajte. Umiješajte ga u pastu pa cijelu smjesu vratite u tavu i miješajte na laganoj vatri oko 5 minuta dok se ne zgusne. Umiješajte mlaćenicu i maslac ili margarin. Žlicom stavljajte slojeve mljevenog keksa i smjese za kremu u kalup za torte (tepsiju) veličine 23 cm/9 obložen prozirnom folijom (plastičnom folijom) ili u staklenu posudu. Lagano pritisnite i ohladite dok se ne stegne. Istucite vrhnje u čvrsti šlag, a zatim izvucite ružice od kreme na vrh torte. Ili poslužite iz posude ili pažljivo izvadite za posluživanje.

Kriška kestena

Za jednu štrucu od 900 g/2 lb

225 g/8 oz/2 šalice obične (poluslatke) čokolade

100 g/4 oz/½ šalice maslaca ili margarina, omekšalog

100 g/4 oz/½ šalice sitnog (superfinog) šećera

450 g/1 lb/1 velika limenka nezaslađenog kesten pirea

25 g/1 oz/¼ šalice rižinog brašna

Nekoliko kapi esencije vanilije (ekstrakt)

150 ml/¼ pt/2/3 šalice vrhnja za šlag, tučeno

Naribana čokolada za ukrašavanje

Otopite običnu čokoladu u zdjeli otpornoj na toplinu iznad posude s vodom koja lagano ključa. Miksajte maslac ili margarin i šećer dok ne postane svijetlo i pjenasto. Umiješajte pire od kestena, čokoladu, rižino brašno i aromu vanilije. Okrenite u podmazan i obložen kalup za kruh od 900 g/2 lb (tepsiju) i ohladite dok ne postane čvrst. Prije posluživanja ukrasite šlagom i naribanom čokoladom.

Kesten biskvit

Pravi kolač od 900 g/2 lb

Za tortu:

400 g/14 oz/1 velika limenka zaslađenog kesten pirea

100 g/4 oz/½ šalice maslaca ili margarina, omekšalog

1 jaje

Nekoliko kapi esencije vanilije (ekstrakt)

30 ml/2 žlice rakije

24 biskvita (kolačića)

Za glazuru:

30 ml/2 žlice kakaa (nezaslađene čokolade) u prahu

15 ml/1 žlica sitnog (superfinog) šećera

30 ml/2 žlice vode

Za kremu od maslaca:

100 g/4 oz/½ šalice maslaca ili margarina, omekšalog

100 g/4 oz/2/3 šalice šećera u prahu (poslastičarskog), prosijanog

15 ml/1 žlica esencije kave (ekstrakt)

Za pripremu kolača pomiješajte pire od kestena, maslac ili margarin, jaje, aromu vanilije i 15 ml/1 žličicu rakije i tucite dok ne postane glatko. Namastite i obložite kalup za kruh (tepsiju) od 900 g/2 lb i spužvastim prstima obložite dno i stranice. Preostalom rakijom poprskajte biskvite i žlicom u sredinu rasporedite smjesu od kestena. Ohladite dok se ne stegne.

Izvadite iz kalupa i uklonite papir za oblaganje. Otopite sastojke za glazuru u zdjeli otpornoj na toplinu postavljenoj iznad posude s vodom koja lagano ključa, miješajući dok ne postane glatka. Ostavite da se malo ohladi, a zatim premažite veći dio glazure po vrhu torte. Kremom sjedinite sastojke za kremu s maslacem dok ne postanu glatki, a zatim razvucite u kovitlace oko ruba torte. Za kraj prelijte ostavljenom glazurom.

Pločice čokolade i badema

Čini 12

175 g/6 oz/1½ šalice obične (poluslatke) čokolade, nasjeckane

3 jaja, odvojena

120 ml/4 fl oz/½ šalice mlijeka

10 ml/2 žličice želatine u prahu

120 ml/4 fl oz/½ šalice dvostrukog (gustog) vrhnja

45 ml/3 žlice sitnog (superfinog) šećera

60 ml/4 žlice narezanih badema, tostiranih

Otopite čokoladu u zdjeli otpornoj na toplinu postavljenoj iznad posude s vodom koja lagano ključa. Maknite s vatre i umiješajte žumanjke. U posebnoj posudi prokuhajte mlijeko pa u njega umiješajte želatinu. Umiješajte u čokoladnu smjesu, pa umiješajte vrhnje. Bjelanjke istucite u čvrsti snijeg, zatim dodajte šećer i ponovno tucite dok ne postane čvrst i sjajan. Umiješajte u smjesu. Žlicom stavljajte u podmazan i obložen kalup za kruh (tepsiju) od 450 g/1 lb, pospite prženim bademima i ostavite da se ohladi, a zatim ohladite najmanje 3 sata dok se ne stegne. Okrenite i narežite na deblje kriške za posluživanje

Čokoladni prhki kolač

Za jednu štrucu od 450 g/1 lb

   150 g/5 oz/2/3 šalice maslaca ili margarina
30 ml/2 žlice zlatnog (svijetlog kukuruznog) sirupa

175 g/6 oz/1½ šalice digestivnog keksa (Graham kreker) mrvica

50 g/2 oz/2 šalice napuhane riže

25 g/1 oz/3 žlice sultanije (zlatne grožđice)

25 g/1 oz/2 žlice glacé (kandiranih) trešanja, nasjeckanih

225 g/8 oz/2 šalice komadića čokolade

30 ml/2 žlice vode

175 g/6 oz/1 šalica šećera u prahu (poslastičarskog), prosijanog

Otopite 100 g/4 oz/½ šalice maslaca ili margarina sa sirupom, zatim maknite s vatre i umiješajte biskvitne mrvice, žitarice, sultane, višnje i tri četvrtine komadića čokolade. Žlicom stavljajte u podmazan i obložen kalup za kruh (tepsiju) od 450 g/1 lb i zagladite vrh. Ohladite dok se ne stegne. Preostali maslac ili margarin otopite s preostalom čokoladom i vodom. Umiješajte šećer u prahu i miješajte dok ne postane glatko. Kolač izvadite iz kalupa i prepolovite po dužini. Sendvič zajedno s polovicom čokoladne glazure (glazure), stavite na tanjur za posluživanje, pa prelijte preostalom glazurom. Ohladite prije posluživanja.

Kvadrati od čokoladnih mrvica

Čini oko 24

225 g/8 oz digestivnog keksa (Graham krekeri)

100 g/4 oz/½ šalice maslaca ili margarina

25 g/1 oz/2 žlice sitnog (superfinog) šećera

15 ml/1 žlica zlatnog (svijetlog kukuruznog) sirupa

45 ml/3 žlice kakaa (nezaslađene čokolade) u prahu

200 g/7 oz/1¾ šalice čokoladnog premaza za tortu

Stavite kekse u plastičnu vrećicu i izgnječite valjkom za tijesto. U tavi otopite maslac ili margarin pa umiješajte šećer i sirup. Maknite s vatre i umiješajte biskvitne mrvice i kakao. Prebacite u podmazan i obložen četvrtasti kalup za torte 18 cm/7 i ravnomjerno utisnite. Ostaviti da se ohladi, pa ostaviti u frižideru dok se ne stegne.

Otopite čokoladu u zdjeli otpornoj na toplinu postavljenoj iznad posude s vodom koja lagano ključa. Premazati preko biskvita, dok se stegne vilicom crtati u linije. Izrežite na kvadrate kad se stegne.

Čokoladna torta hladnjak

Za jednu tortu od 450 g/1 lb

100 g/4 oz/½ šalice mekog smeđeg šećera

100 g/4 oz/½ šalice maslaca ili margarina

50 g/2 oz/½ šalice čokolade za piće u prahu

25 g/1 oz/¼ šalice kakaa (nezaslađene čokolade) u prahu

30 ml/2 žlice zlatnog (svijetlog kukuruznog) sirupa

150 g/5 oz digestivnog keksa (Graham krekeri) ili bogatog čajnog keksa

50 g/2 oz/¼ šalice glacé (kandiranih) trešanja ili mješavine orašastih plodova i grožđica

100 g/4 oz/1 šalica mliječne čokolade

Stavite šećer, maslac ili margarin, čokoladu za piće, kakao i sirup u tavu i lagano zagrijte dok se maslac ne otopi, dobro miješajući. Maknite s vatre i izmrvite kekse. Umiješajte višnje ili orašaste plodove i grožđice i žlicom stavite u kalup za kruh (tavu) od 450 g/1 lb. Ostaviti u frižider da se ohladi.

Otopite čokoladu u zdjeli otpornoj na toplinu iznad posude s vodom koja lagano ključa. Premažite vrh ohlađene torte i režite kad se stegne.

Torta od čokolade i voća

Za jednu tortu od 18 cm/7

100 g/4 oz/½ šalice maslaca ili margarina, otopljenog

100 g/4 oz/½ šalice mekog smeđeg šećera

225 g/8 oz/2 šalice digestivnog keksa (Graham kreker) mrvica

50 g/2 oz/1/3 šalice sultanije (zlatne grožđice)

45 ml/3 žlice kakaa (nezaslađene čokolade) u prahu

1 jaje, tučeno

Nekoliko kapi esencije vanilije (ekstrakt)

Pomiješajte maslac ili margarin i šećer pa umiješajte ostale sastojke i dobro ih umutite. Žlicom stavite u podmazan kalup za sendviče (tepsiju) veličine 18 cm/7 i zagladite površinu. Ohladite dok se ne stegne.

Kvadratići čokolade i đumbira

Čini 24

100 g/4 oz/½ šalice maslaca ili margarina

100 g/4 oz/½ šalice mekog smeđeg šećera

30 ml/2 žlice kakaa (nezaslađene čokolade) u prahu

1 jaje, lagano tučeno

225 g/8 oz/2 šalice mrvica keksa od đumbira (kolačića).

15 ml/1 žlica nasjeckanog kristaliziranog (kandiranog) đumbira

Otopite maslac ili margarin, zatim umiješajte šećer i kakao dok se dobro ne sjedine. Umiješajte jaje, biskvitne mrvice i đumbir. Utisnite u kalup za švicarske rolade (posudu za žele rolade) i ohladite dok se ne stegne. Izrežite na kvadrate.

Luksuzni kvadrati čokolade i đumbira

Čini 24

100 g/4 oz/½ šalice maslaca ili margarina

100 g/4 oz/½ šalice mekog smeđeg šećera

30 ml/2 žlice kakaa (nezaslađene čokolade) u prahu

1 jaje, lagano tučeno

225 g/8 oz/2 šalice mrvica keksa od đumbira (kolačića).

15 ml/1 žlica nasjeckanog kristaliziranog (kandiranog) đumbira

100 g/4 oz/1 šalica obične (poluslatke) čokolade

Otopite maslac ili margarin, zatim umiješajte šećer i kakao dok se dobro ne sjedine. Umiješajte jaje, biskvitne mrvice i đumbir. Utisnite u kalup za švicarske rolade (posudu za žele rolade) i ohladite dok se ne stegne.

> Otopite čokoladu u zdjeli otpornoj na toplinu postavljenoj iznad posude s vodom koja lagano ključa. Premažite tortu i ostavite da se stegne. Izrežite na kvadrate kada je čokolada skoro tvrda.

Čokoladni kolačići od meda

Čini 12

225 g/8 oz/1 šalica maslaca ili margarina

30 ml/2 žlice bistrog meda

90 ml/6 žlica rogača ili kakaa (nezaslađena čokolada) u prahu

225 g/8 oz/2 šalice mrvica slatkog keksa (kolačića).

Otopite maslac ili margarin, med i rogač ili kakao prah u tavi dok se dobro ne sjedine. Umiješajte biskvitne mrvice. Žlicom stavite u podmazan četvrtasti kalup (tepsiju) veličine 20 cm/8 i ostavite da se ohladi pa režite na kvadrate.

Čokoladni sloj torte

Za jednu tortu od 450 g/1 lb

300 ml/½ pt/1¼ šalice dvostrukog (gustog) vrhnja

225 g/8 oz/2 šalice obične (poluslatke) čokolade, izlomljene

5 ml/1 žličica esencije vanilije (ekstrakt)

20 običnih keksa (kolačića)

Zagrijte vrhnje u tavi na laganoj vatri gotovo do vrenja. Maknite s vatre i dodajte čokoladu, promiješajte, poklopite i ostavite 5 minuta. Umiješajte aromu vanilije i miješajte dok se dobro ne sjedini, zatim ohladite dok se smjesa ne počne zgušnjavati.

Obložite kalup za kruh (tepsiju) od 450 g /1 lb prozirnom folijom (plastičnom folijom). Na dno namazati sloj čokolade, pa na njega poredati nekoliko keksa u sloju. Nastavite slagati čokoladu i kekse dok ih ne potrošite. Završite slojem čokolade. Pokrijte prozirnom folijom i ostavite na hladnom najmanje 3 sata. Okrenite tortu i uklonite prozirnu foliju.

Lijepe čokoladne pločice

Čini 12

100 g/4 oz/½ šalice maslaca ili margarina

30 ml/2 žlice zlatnog (svijetlog kukuruznog) sirupa

30 ml/2 žlice kakaa (nezaslađene čokolade) u prahu

225 g/8 oz/1 paket lijepih ili običnih keksa (kolačića), grubo zdrobljenih

100 g/4 oz/1 šalica obične (poluslatke) čokolade, narezane na kockice

Otopite maslac ili margarin i sirup pa maknite s vatre i umiješajte kakao i izdrobljeni keks. Smjesu rasporedite u četvrtasti kalup (tepsiju) veličine 23 cm/9 in poravnajte površinu. Otopite čokoladu u zdjeli otpornoj na toplinu iznad posude s lagano ključajućom vodom i premažite je po vrhu. Ostavite da se malo ohladi, zatim narežite na štanglice ili kvadrate i ohladite dok se ne stegne.

Čokoladni kvadratići pralina

Čini 12

100 g/4 oz/½ šalice maslaca ili margarina

30 ml/2 žlice sitnog (superfinog) šećera

15 ml/1 žlica zlatnog (svijetlog kukuruznog) sirupa

15 ml/1 žlica čokolade za piće u prahu

225 g/8 oz digestivnog keksa (Graham krekeri), mljevenog

200 g/7 oz/1¾ šalice obične (poluslatke) čokolade

100 g/4 oz/1 šalica nasjeckanih miješanih orašastih plodova

U tavi otopite maslac ili margarin, šećer, sirup i čokoladu za piće. Pustite da zavrije, a zatim kuhajte 40 sekundi. Maknite s vatre i umiješajte kekse i orahe. Utisnuti u podmazan kalup za torte (tepsiju) 28 x 18 cm/11 x 7. Otopite čokoladu u zdjeli otpornoj na toplinu iznad posude s vodom koja lagano ključa. Premažite preko biskvita i ostavite da se ohladi, zatim ohladite 2 sata prije rezanja na kvadrate.

Kokos Crunchies

Čini 12

100 g/4 oz/1 šalica obične (poluslatke) čokolade

30 ml/2 žlice mlijeka

30 ml/2 žlice zlatnog (svijetlog kukuruznog) sirupa

100 g/4 oz/4 šalice napuhane riže

50 g/2 oz/½ šalice osušenog (naribanog) kokosa

U tavi otopite čokoladu, mlijeko i sirup. Maknite s vatre i umiješajte žitarice i kokos. Žlicom stavljajte u papirnate kutije za kolače (papir za kolače) i ostavite da se stegne.

Crunch pločice

Čini 12

175 g/6 oz/¾ šalice maslaca ili margarina

50 g/2 oz/¼ šalice mekog smeđeg šećera

30 ml/2 žlice zlatnog (svijetlog kukuruznog) sirupa

45 ml/3 žlice kakaa (nezaslađene čokolade) u prahu

75 g/3 oz/½ šalice grožđica ili sultana (zlatne grožđice)

350 g/12 oz/3 šalice zobenih žitarica

225 g/8 oz/2 šalice obične (poluslatke) čokolade

Otopite maslac ili margarin sa šećerom, sirupom i kakaom. Umiješajte grožđice ili sultanije i žitarice. Smjesu utisnuti u podmazan kalup od 25 cm/12 u tepsiju (tepsiju). Otopite čokoladu u zdjeli otpornoj na toplinu iznad posude s vodom koja lagano ključa. Rasporedite po štanglicama i ostavite da se ohlade, a zatim ohladite prije rezanja na štanglice.

Hrskavi kolačići od kokosa i grožđica

Čini 12

100 g/4 oz/1 šalica bijele čokolade

30 ml/2 žlice mlijeka

30 ml/2 žlice zlatnog (svijetlog kukuruznog) sirupa

175 g/6 oz/6 šalica napuhane riže

50 g/2 oz/1/3 šalice grožđica

U tavi otopite čokoladu, mlijeko i sirup. Maknite s vatre i umiješajte žitarice i grožđice. Žlicom stavljajte u papirnate kutije za kolače (papir za kolače) i ostavite da se stegne.

Kvadrati od kave i mlijeka

Čini 20

25 g/1 oz/2 žlice želatine u prahu

75 ml/5 žlica hladne vode

225 g/8 oz/2 šalice mrvica običnog keksa (kolačića).

50 g/2 oz/¼ šalice maslaca ili margarina, otopljenog

400 g/14 oz/1 velika limenka evaporiranog mlijeka

150 g/5 oz/2/3 šalice sitnog (superfinog) šećera

400 ml/14 tečnih oz/1¾ šalice jake crne kave, ledeno hladne

Šlag i kristalizirane (ušećerene) kriške naranče za ukrašavanje

Želatinu pospite vodom u posudi i ostavite dok ne postane spužvasta. Stavite zdjelu u posudu s vrućom vodom i ostavite dok se ne otopi. Ostaviti da se malo ohladi. U otopljeni maslac umiješajte biskvitne mrvice i utisnite u podmazani pravokutni kalup (tepsiju) veličine 30 x 20 cm/12 x 8. Tucite evaporirano mlijeko dok ne postane gusto, zatim postupno umiješajte šećer, zatim otopljenu želatinu i kavu. Žlicom prelijte podlogu i ohladite dok se ne stegne. Izrežite na kvadrate i ukrasite tučenim šlagom i kristaliziranim (ušećerenim) kriškama naranče.

Voćni kolač bez pečenja

Za jednu tortu od 23 cm/9

450 g/1 lb/2 2/3 šalice miješanog suhog voća (mješavina za voćni kolač)

450 g/1 lb običnog keksa (kolačića), mljevenog

100 g/4 oz/½ šalice maslaca ili margarina, otopljenog

100 g/4 oz/½ šalice mekog smeđeg šećera

400 g/14 oz/1 velika limenka kondenziranog mlijeka

5 ml/1 žličica esencije vanilije (ekstrakt)

Pomiješajte sve sastojke dok se dobro ne sjedine. Žlicom stavljajte u podmazan kalup za torte (tepsiju) veličine 23 cm/9 obložen prozirnom folijom (plastičnom folijom) i pritisnite prema dolje. Ohladite dok se ne stegne.

Voćni kvadrati

Čini oko 12

100 g/4 oz/½ šalice maslaca ili margarina

100 g/4 oz/½ šalice mekog smeđeg šećera

400 g/14 oz/1 velika limenka kondenziranog mlijeka

5 ml/1 žličica esencije vanilije (ekstrakt)

250 g/9 oz/1½ šalice miješanog suhog voća (mješavina za voćni kolač)

100 g/4 oz/½ šalice glacé (kandiranih) višanja

50 g/2 oz/½ šalice sjeckanih miješanih orašastih plodova

400 g/14 oz običnih keksa (kolačića), zdrobljenih

Na laganoj vatri otopite maslac ili margarin i šećer. Umiješajte kondenzirano mlijeko i aromu vanilije i maknite s vatre. Umiješajte preostale sastojke. Utisnite u podmazan kalup za švicarske rolade (posuda za žele rolade) i ohladite 24 sata dok se ne stegne. Izrežite na kvadrate.

Pucketanje od voća i vlakana

Čini 12

100 g/4 oz/1 šalica obične (poluslatke) čokolade

50 g/2 oz/¼ šalice maslaca ili margarina

15 ml/1 žlica zlatnog (svijetlog kukuruznog) sirupa

100 g/4 oz/1 šalica voća i žitarica za doručak s vlaknima

Otopite čokoladu u zdjeli otpornoj na toplinu iznad posude s vodom koja lagano ključa. Umutiti maslac ili margarin i sirupirati. Umiješajte žitarice. Žlicom stavljati u papirnate kutije za kolače (papir za kolače) i ostaviti da se ohladi i stegne.

Slojeviti kolač od nugata

Pravi kolač od 900 g/2 lb

15 g/½ oz/1 žlica želatine u prahu

100 ml/3½ fl oz/6½ žlice vode

1 paket sitnih spužvica

225 g/8 oz/1 šalica maslaca ili margarina, omekšalog

50 g/2 oz/¼ šalice sitnog (superfinog) šećera

400 g/14 oz/1 velika limenka kondenziranog mlijeka

5 ml/1 žličica soka od limuna

5 ml/1 žličica esencije vanilije (ekstrakt)

5 ml/1 žličica kreme od zubnog kamenca

100 g/4 oz/2/3 šalice miješanog suhog voća (mješavina za voćni kolač), nasjeckanog

Pospite želatinu vodom u maloj posudi, a zatim stavite zdjelu u posudu s vrućom vodom dok želatina ne postane prozirna. Malo prohladite. Kalup za štruce od 900 g/2 lb (tepsiju) obložite folijom tako da folija prekrije vrh kalupa, a zatim na podlogu rasporedite polovicu sitnih spužvica. Umutiti maslac ili margarin i šećer dok ne postanu kremasti, zatim umiješati sve preostale sastojke. Žlicom stavljajte u lim i po vrhu posložite preostale sitne spužve. Pokrijte folijom i na vrh stavite uteg. Ohladite dok se ne stegne.

Trgovi mlijeka i muškatnog oraščića

Čini 20

Za bazu:

225 g/8 oz/2 šalice mrvica običnog keksa (kolačića).

30 ml/2 žlice mekog smeđeg šećera

2,5 ml/½ žličice naribanog muškatnog oraščića

100 g/4 oz/½ šalice maslaca ili margarina, otopljenog

Za nadjev:

1,2 litre/2 pts/5 šalica mlijeka

25 g/1 oz/2 žlice maslaca ili margarina

2 jaja, odvojena

225 g/8 oz/1 šalica sitnog (superfinog) šećera

100 g/4 oz/1 šalica kukuruznog brašna (kukuruzni škrob)

50 g/2 oz/½ šalice glatkog (višenamjenskog) brašna

5 ml/1 žličica praška za pecivo

Prstohvat naribanog muškatnog oraščića

Naribani muškatni oraščić za posipanje

Za podlogu, biskvitne mrvice, šećer i muškatni oraščić umiješajte u otopljeni maslac ili margarin i utisnite u podmazan kalup za torte veličine 30 x 20 cm/12 x 8.

Da biste napravili nadjev, stavite 1 litru/1¾ pts/4¼ šalice mlijeka da prokuha u velikoj tavi. Dodati maslac ili margarin. Istucite žumanjke s preostalim mlijekom. Pomiješajte šećer, kukuruzno brašno, brašno, prašak za pecivo i muškatni oraščić. Umutite malo kipućeg mlijeka u smjesu žumanjaka dok se ne sjedini u pastu, zatim umiješajte pastu u kipuće mlijeko, neprestano miješajući na laganoj vatri nekoliko minuta dok se ne zgusne. Maknite s vatre. Od bjelanjaka istucite čvrsti snijeg pa ga umiješajte u smjesu. Žlicom prelijte podlogu i obilato pospite muškatnim oraščićem. Ostavite da se ohladi, zatim ohladite i narežite na kvadrate prije posluživanja.

Muesli Crunch

Čini oko 16 kvadrata

400 g/14 oz/3½ šalice obične (poluslatke) čokolade

45 ml/3 žlice zlatnog (svijetlog kukuruznog) sirupa

25 g/1 oz/2 žlice maslaca ili margarina

Oko 225 g/8 oz/2/3 šalice mueslija

Otopite pola čokolade, sirup i maslac ili margarin. Postupno umiješajte dovoljno muslija da dobijete čvrstu smjesu. Utisnite u podmazan kalup za švicarske rolade (tepsiju za žele rolade). Preostalu čokoladu otopiti i zagladiti po vrhu. Ohladite u hladnjaku prije rezanja na kvadrate.

Narančasti mousse kvadratići

Čini 20

25 g/1 oz/2 žlice želatine u prahu

75 ml/5 žlica hladne vode

225 g/8 oz/2 šalice mrvica običnog keksa (kolačića).

50 g/2 oz/¼ šalice maslaca ili margarina, otopljenog

400 g/14 oz/1 velika limenka evaporiranog mlijeka

150 g/5 oz/2/3 šalice sitnog (superfinog) šećera

400 ml/14 tečnih oz/1¾ šalice soka od naranče

Šlag i čokoladni slatkiši za ukrašavanje

Želatinu pospite vodom u posudi i ostavite dok ne postane spužvasta. Stavite zdjelu u posudu s vrućom vodom i ostavite dok se ne otopi. Ostaviti da se malo ohladi. U rastopljeni maslac umiješajte biskvitne mrvice i utisnite ih na dno i stranice namašćenog plitkog kalupa (tepsije) veličine 30 x 20 cm/12 x 8. Tucite mlijeko dok ne postane gusto, zatim postupno umiješajte šećer, zatim otopljenu želatinu i sok od naranče. Žlicom prelijte podlogu i ohladite dok se ne stegne. Izrežite na kvadrate i ukrasite tučenim šlagom i čokoladnim slatkišima.

Kvadratići od kikirikija

Čini 18

225 g/8 oz/2 šalice mrvica običnog keksa (kolačića).

100 g/4 oz/½ šalice maslaca ili margarina, otopljenog

225 g/8 oz/1 šalica hrskavog maslaca od kikirikija

25 g/1 oz/2 žlice glacé (kandiranih) višanja

25 g/1 oz/3 žlice ribiza

Pomiješajte sve sastojke dok se dobro ne sjedine. Utisnite u podmazan kalup (tepsiju) promjera 25 cm/12 i ohladite dok ne postane čvrst, a zatim izrežite na kvadrate.

Pepermint karamel kolači

Čini 16

400 g/14 oz/1 velika limenka kondenziranog mlijeka

600 ml/1 pt/2½ šalice mlijeka

30 ml/2 žlice pudinga u prahu

225 g/8 oz/2 šalice digestivnog keksa (Graham kreker) mrvica

100 g/4 oz/1 šalica pepermint čokolade, izlomljene na komadiće

Stavite neotvorenu limenku kondenziranog mlijeka u posudu napunjenu dovoljnom količinom vode da pokrije limenku. Pustite da zavrije, poklopite i kuhajte 3 sata, po potrebi dolijevajući kipuću vodu. Ostavite da se ohladi pa otvorite limenku i izvadite karamel.

Zagrijte 500 ml/17 fl oz/2¼ šalice mlijeka s karamelom, zakuhajte i miješajte dok se ne rastopi. Pomiješajte prašak za puding u pastu s preostalim mlijekom, zatim ga umiješajte u tavu i nastavite kuhati dok se ne zgusne, neprestano miješajući. Polovicu biskvitnih mrvica pospite po dnu namašćenog četvrtastog kalupa (tepsije) promjera 20 cm/8, a zatim na vrh žlicom rasporedite pola karamel kreme i pospite polovicom čokolade. Ponoviti slojeve, pa ostaviti da se ohladi. Ohladite, pa izrežite na porcije za posluživanje.

Kolačići od riže

Čini 24

175 g/6 oz/½ šalice bistrog meda

225 g/8 oz/1 šalica granuliranog šećera

60 ml/4 žlice vode

350 g/12 oz/1 kutija žitarica napuhane riže

100 g/4 oz/1 šalica prženog kikirikija

Otopite med, šećer i vodu u velikoj tavi, pa ostavite da se ohladi 5 minuta. Umiješajte žitarice i kikiriki. Uvaljati u kuglice, stavljati u papirnate kutije za torte (cupcake papire) i ostaviti dok se ne ohlade i stegne.

Toffete od riže i čokolade

Čini 225 g/8 oz

50 g/2 oz/¼ šalice maslaca ili margarina

30 ml/2 žlice zlatnog (svijetlog kukuruznog) sirupa

30 ml/2 žlice kakaa (nezaslađene čokolade) u prahu

60 ml/4 žlice sitnog (superfinog) šećera

50 g/2 oz/½ šalice mljevene riže

Otopite maslac i sirup. Umiješajte kakao i šećer dok se ne otope, zatim umiješajte mljevenu rižu. Lagano zakuhajte, smanjite vatru i lagano kuhajte 5 minuta uz stalno miješanje. Žlicom stavite u podmazan i obložen četvrtast pleh (pleh) veličine 20 cm/8 i ostavite da se malo ohladi. Izrežite na kvadrate, pa ostavite da se potpuno ohlade prije nego što ih izvadite iz kalupa.

Pasta od badema

Pokriva vrh i stranice jedne torte od 23 cm/9

225 g/8 oz/2 šalice mljevenih badema

225 g/8 oz/11/3 šalice šećera u prahu (poslastičarskog), prosijanog

225 g/8 oz/1 šalica sitnog (superfinog) šećera

2 jaja, lagano tučena

10 ml/2 žličice soka od limuna

Nekoliko kapi esencije badema (ekstrakt)

Istucite zajedno bademe i šećer. Postupno umiješajte preostale sastojke dok ne dobijete glatku smjesu. Zamotajte u prozirnu foliju (plastičnu foliju) i ohladite prije upotrebe.

Pasta od badema bez šećera

Pokriva vrh i strane jedne torte od 15 cm/6

100 g/4 oz/1 šalica mljevenih badema

50 g/2 oz/½ šalice fruktoze

25 g/1 oz/¼ šalice kukuruznog brašna (kukuruzni škrob)

1 jaje, lagano tučeno

Pomiješajte sve sastojke dok ne dobijete glatku pastu. Zamotajte u prozirnu foliju (plastičnu foliju) i ohladite prije upotrebe.

Royal Icing

Pokriva vrh i stranice jedne torte od 20 cm/8

5 ml/1 žličica soka od limuna

2 bjelanjka

450 g/1 lb/22/3 šalice šećera u prahu (poslastičarskog), prosijanog

5 ml/1 žličica glicerina (po izboru)

Pomiješajte sok od limuna i bjelanjke i postupno tucite šećer u prahu dok glazura (glazura) ne postane glatka i bijela i prekrije stražnju stranu žlice. Nekoliko kapi glicerina spriječit će da glazura postane previše lomljiva. Pokrijte vlažnom krpom i ostavite stajati 20 minuta kako bi mjehurići zraka izašli na površinu.

Ovakvu glazuru možete preliti na tortu i zagladiti nožem umočenim u vruću vodu. Za preljev, umiješajte dodatni šećer u prahu tako da glazura bude dovoljno čvrsta da stoji u vrhovima.

Glazura bez šećera

Dovoljno je za prekrivanje jedne torte od 15 cm/6

50 g/2 oz/½ šalice fruktoze

Prstohvat soli

1 bjelanjak

2,5 ml/½ žličice limunovog soka

Obradite fruktozu u prahu u multipraktiku dok ne postane fina poput šećera u prahu. Umiješajte sol. Prebacite u vatrostalnu zdjelu i umiješajte bjelanjak i limunov sok. Stavite zdjelu iznad posude s vodom koja lagano ključa i nastavite miješati dok se ne formiraju čvrsti vrhovi. Maknite s vatre i mutite dok se ne ohladi.

Zaleđivanje od fondanta

Dovoljno za prekrivanje jedne torte od 20 cm/8

450 g/1 lb/2 šalice šećera (superfinog) ili šećera u grudima

150 ml/¼ pt/2/3 šalice vode

15 ml/1 žlica tekuće glukoze ili 2,5 ml/½ žličice kreme od zubnog kamenca

Otopite šećer u vodi u velikoj posudi na laganoj vatri. Obrišite stranice posude četkom umočenom u hladnu vodu kako biste spriječili stvaranje kristala. Kremu od tartara otopite u malo vode, pa umiješajte u posudu. Pustite da zavrije i stalno kuhajte na 115°C/242°F kada kap glazure formira mekanu kuglicu kada se spusti u hladnu vodu. Polako ulijte sirup u posudu otpornu na toplinu i ostavite dok se ne stvori kožica. Glazuru tucite drvenom kuhačom dok ne postane neprozirna i čvrsta. Mijesiti dok ne postane glatko. Zagrijte u zdjeli otpornoj na toplinu iznad posude s vrućom vodom da omekša, ako je potrebno, prije upotrebe.

Glazura od maslaca

Dovoljno za punjenje i prekrivanje jedne torte od 20 cm/8

100 g/4 oz/½ šalice maslaca ili margarina, omekšalog

225 g/8 oz/11/3 šalice šećera u prahu (poslastičarskog), prosijanog

30 ml/2 žlice mlijeka

Umutiti maslac ili margarin dok ne omekša. Postupno tucite šećer u prahu i mlijeko dok se dobro ne sjedine.

Glazura od čokoladnog maslaca

Dovoljno za punjenje i prekrivanje jedne torte od 20 cm/8

30 ml/2 žlice kakaa (nezaslađene čokolade) u prahu

15 ml/1 žlica kipuće vode

100 g/4 oz/½ šalice maslaca ili margarina, omekšalog

225 g/8 oz/11/3 šalice šećera u prahu (poslastičarskog), prosijanog

15 ml/1 žlica mlijeka

Pomiješajte kakao u pastu s kipućom vodom, a zatim ostavite da se ohladi. Umutiti maslac ili margarin dok ne omekša. Postupno umiješajte šećer u prahu, mlijeko i smjesu kakaa dok se dobro ne sjedine.

Glazura od maslaca od bijele čokolade

Dovoljno za punjenje i prekrivanje jedne torte od 20 cm/8

100 g/4 oz/1 šalica bijele čokolade

100 g/4 oz/½ šalice maslaca ili margarina, omekšalog

225 g/8 oz/11/3 šalice šećera u prahu (poslastičarskog), prosijanog

15 ml/1 žlica mlijeka

Otopite čokoladu u posudi otpornoj na toplinu postavljenoj iznad posude s lagano ključanom vodom, a zatim ostavite da se malo ohladi. Umutiti maslac ili margarin dok ne omekša. Postupno umiješajte šećer u prahu, mlijeko i čokoladu dok se dobro ne sjedine.

Glazura od maslaca od kave

Dovoljno za punjenje i prekrivanje jedne torte od 20 cm/8

100 g/4 oz/½ šalice maslaca ili margarina, omekšalog

225 g/8 oz/1 1/3 šalice šećera u prahu (poslastičarskog), prosijanog

15 ml/1 žlica mlijeka

15 ml/1 žlica esencije kave (ekstrakt)

Umutiti maslac ili margarin dok ne omekša. Postupno tucite šećer u prahu, mlijeko i esenciju kave dok se dobro ne izmiješaju.

Glazura od limunovog maslaca

Dovoljno za punjenje i prekrivanje jedne torte od 20 cm/8

100 g/4 oz/½ šalice maslaca ili margarina, omekšalog

225 g/8 oz/11/3 šalice šećera u prahu (poslastičarskog), prosijanog

30 ml/2 žlice soka od limuna

Naribana korica 1 limuna

Umutiti maslac ili margarin dok ne omekša. Postupno umiješajte šećer u prahu, limunov sok i koricu dok se dobro ne sjedine.

Glazura od narančinog maslaca

Dovoljno za punjenje i prekrivanje jedne torte od 20 cm/8

100 g/4 oz/½ šalice maslaca ili margarina, omekšalog

225 g/8 oz/11/3 šalice šećera u prahu (poslastičarskog), prosijanog

30 ml/2 žlice soka od naranče

Naribana korica 1 naranče

Umutiti maslac ili margarin dok ne omekša. Postupno umiješajte šećer u prahu, sok od naranče i koricu dok se dobro ne sjedine.

Glazura od krem sira

Dovoljno za prekrivanje jedne torte od 25 cm/9

75 g/3 oz/1/3 šalice krem sira

30 ml/2 žlice maslaca ili margarina

350 g/12 oz/2 šalice šećera u prahu (poslastičarskog), prosijanog

5 ml/1 žličica esencije vanilije (ekstrakt)

Pomiješajte sir i maslac ili margarin dok ne postane svijetlo i pjenasto. Postupno umiješajte šećer u prahu i aromu vanilije dok ne dobijete glatku, kremastu glazuru.

Glazura od naranče

Dovoljno za prekrivanje jedne torte od 25 cm/9

250 g/9 oz/1½ šalice (poslastičarskog) šećera u prahu, prosijanog

30 ml/2 žlice maslaca ili margarina, omekšalog

Nekoliko kapi esencije badema (ekstrakt)

60 ml/4 žlice soka od naranče

Stavite šećer u prahu u zdjelu i umiješajte maslac ili margarin i esenciju badema. Postupno umiješajte dovoljno soka od naranče da dobijete čvrstu glazuru.

Glazura od likera od naranče

Dovoljno za prekrivanje jedne torte od 20 cm/8

100 g/4 oz/½ šalice maslaca ili margarina, omekšalog

450 g/1 lb/22/3 šalice šećera u prahu (poslastičarskog), prosijanog

60 ml/4 žlice likera od naranče

15 ml/1 žlica naribane narančine korice

Miksajte maslac ili margarin i šećer dok ne postane svijetlo i pjenasto. Umutite dovoljno likera od naranče da dobijete konzistenciju koja se može mazati, zatim umiješajte narančinu koricu.

Kolačići od zobi i grožđica

Čini 20

175 g/6 oz/¾ šalice glatkog (višenamjenskog) brašna

150 g/5 oz/1¼ šalice valjane zobi

5 ml/1 žličica mljevenog đumbira

2,5 ml/½ žličice praška za pecivo

2,5 ml/½ žličice sode bikarbone (soda bikarbona)

100 g/4 oz/½ šalice mekog smeđeg šećera

50 g/2 oz/1/3 šalice grožđica

1 jaje, lagano tučeno

150 ml/¼ pt/2/3 šalice ulja

60 ml/4 žlice mlijeka

Pomiješajte suhe sastojke, umiješajte grožđice i napravite udubinu u sredini. Dodajte jaje, ulje i mlijeko i zamijesite mekano tijesto. Žlicama stavljajte smjesu na nepodmazan lim za pečenje (kolačiće) i malo poravnajte vilicom. Pecite u prethodno zagrijanoj pećnici na 200°C/400°F/ plinska oznaka 6 10 minuta dok ne porumene.

Začinjeni zobeni keksi

Čini 30

100 g/4 oz/½ šalice maslaca ili margarina, omekšalog

100 g/4 oz/½ šalice mekog smeđeg šećera

100 g/4 oz/½ šalice sitnog (superfinog) šećera

1 jaje

2,5 ml/½ žličice esencije vanilije (ekstrakt)

100 g/4 oz/1 šalica glatkog (višenamjenskog) brašna

2,5 ml/½ žličice sode bikarbone (soda bikarbona)

Prstohvat soli

5 ml/1 žličica mljevenog cimeta

Prstohvat naribanog muškatnog oraščića

100 g/4 oz/1 šalica valjane zobi

50 g/2 oz/½ šalice sjeckanih miješanih orašastih plodova

50 g/2 oz/½ šalice komadića čokolade

Miksajte maslac ili margarin i šećer dok ne postane svijetlo i pjenasto. Postupno umiješajte jaje i asenciju vanilije. Pomiješajte brašno, sodu bikarbonu, sol i začine te dodajte u smjesu. Umiješajte zobene zobi, orahe i komadiće čokolade. Zaobljene žličice stavljajte na podmazan lim za pečenje (kolačiće) i pecite kekse (kolačiće) u prethodno zagrijanoj pećnici na 180°C/350°F/plin oznaka 4 10 minuta dok lagano ne porumene.

Punozrnati zobeni keksi

Čini 24

100 g/4 oz/½ šalice maslaca ili margarina

200 g/7 oz/1¾ šalice zobenih pahuljica

75 g/3 oz/¾ šalice integralnog (cjelovitog) brašna

50 g/2 oz/½ šalice glatkog (višenamjenskog) brašna

5 ml/1 žličica praška za pecivo

50 g/2 oz/¼ šalice demerara šećera

1 jaje, lagano tučeno

30 ml/2 žlice mlijeka

Maslac ili margarin utrljajte u zobene pahuljice, brašno i prašak za pecivo dok smjesa ne bude poput krušnih mrvica. Umiješajte šećer, pa umiješajte jaje i mlijeko da dobijete čvrsto tijesto. Razvaljajte tijesto na lagano pobrašnjenoj površini na oko 1 cm/½ debljine i izrežite krugove rezačem od 5 cm/2. Stavite kekse (kolačiće) na podmazan lim za pečenje (kolačiće) i pecite u prethodno zagrijanoj pećnici na 190°C/375°F/plin oznaka 5 oko 15 minuta dok ne porumene.

Keksi od naranče

Čini 24

100 g/4 oz/½ šalice maslaca ili margarina, omekšalog

50 g/2 oz/¼ šalice sitnog (superfinog) šećera

Naribana korica 1 naranče

150 g/5 oz/1¼ šalice samodizajućeg (samodizajućeg) brašna

Miksajte maslac ili margarin i šećer dok ne postane svijetlo i pjenasto. Razradite narančinu koricu pa umiješajte brašno da dobijete čvrstu smjesu. Oblikujte velike kuglice veličine oraha i složite ih dobro razmaknute na podmazan lim za pečenje (kolačiće), pa lagano pritisnite vilicom da se spljošte. Pecite kekse (kolačiće) u prethodno zagrijanoj pećnici na 180°C/350°F/plinska oznaka 4 15 minuta dok ne porumene.

Keksi od naranče i limuna

Čini 30

50 g/2 oz/¼ šalice maslaca ili margarina, omekšalog

75 g/3 oz/1/3 šalice sitnog (superfinog) šećera

1 žumanjak

Naribana korica ½ naranče

15 ml/1 žlica soka od limuna

150 g/5 oz/1¼ šalice glatkog (višenamjenskog) brašna

2,5 ml/½ žličice praška za pecivo

Prstohvat soli

Miksajte maslac ili margarin i šećer dok ne postane svijetlo i pjenasto. Postupno umiješajte žumanjak, narančinu koricu i limunov sok pa umiješajte brašno, prašak za pecivo i sol da zamijesite čvrsto tijesto. Zamotajte i prozirnu foliju (plastična folija) i ohladite 30 minuta.

Razvaljajte na lagano pobrašnjenoj površini na oko 5 mm/¼ debljine i izrežite oblike kalupom za kekse. Stavite kekse na podmazan lim za pečenje (kolačiće) i pecite u prethodno zagrijanoj pećnici na 190°C/375°F/plin oznaka 5 10 minuta.

Keksi od naranče i oraha

Čini 16

100 g/4 oz/½ šalice maslaca ili margarina

75 g/3 oz/1/3 šalice sitnog (superfinog) šećera

Naribana korica ½ naranče

150 g/5 oz/1¼ šalice samodizajućeg (samodizajućeg) brašna

50 g/2 oz/½ šalice mljevenih oraha

Miksajte maslac ili margarin s 50 g/2 oz/¼ šalice šećera i narančinom koricom dok ne postane glatko i kremasto. Dodajte brašno i orahe i ponovno tucite dok se smjesa ne počne držati zajedno. Oblikujte kuglice i spljoštite ih na podmazan lim za pečenje (kolačiće). Pecite kekse (kolačiće) u prethodno zagrijanoj pećnici na 190°C/plin oznaka 5 10 minuta dok rubovi ne porumene. Pospite ostavljenim šećerom i ostavite da se malo ohladi prije prebacivanja na rešetku da se ohladi.

Keksi s komadićima naranče i čokolade

Čini 30

50 g/2 oz/¼ šalice maslaca ili margarina, omekšalog

75 g/3 oz/1/3 šalice svinjske masti (smanjivac)

175 g/6 oz/¾ šalice mekog smeđeg šećera

100 g/7 oz/1¾ šalice integralnog (cjelovitog) brašna

75 g/3 oz/¾ šalice mljevenih badema

10 ml/2 žličice praška za pecivo

75 g/3 oz/¾ šalice čokoladnih kapljica

Naribana korica 2 naranče

15 ml/1 žlica soka od naranče

1 jaje

Žestoki (superfini) šećer za posipanje

Pomiješajte maslac ili margarin, mast i smeđi šećer dok ne postane svijetlo i pjenasto. Dodajte preostale sastojke osim šećera i zamijesite tijesto. Na pobrašnjenoj podlozi razvaljajte na 5 mm/¼ debljine i kalupom za biskvite (kolačiće) izrežite kekse. Složite u podmazan lim za pečenje (kolačiće) i pecite u prethodno zagrijanoj pećnici na 180°C/350°F/plinska oznaka 4 20 minuta dok ne porumene.

Keksi sa začinjenom narančom

Čini 10

225 g/8 oz/2 šalice glatkog (višenamjenskog) brašna

2,5 ml/½ žličice mljevenog cimeta

Prstohvat miješanih (pita od jabuka) začina

75 g/3 oz/1/3 šalice sitnog (superfinog) šećera

150 g/5 oz/2/3 šalice maslaca ili margarina, omekšalog

2 žumanjka

Naribana korica 1 naranče

75 g/3 oz/¾ šalice obične (poluslatke) čokolade

Pomiješajte brašno i začine, pa umiješajte šećer. Umutiti maslac ili margarin, žumanjke i narančinu koricu pa umijesiti glatko tijesto. Zamotajte u clingfim (plastičnu foliju) i ohladite 1 sat.

Žlicom stavite tijesto u vrećicu za tijesto opremljenu velikom zvjezdastom mlaznicom (vrh) i cijevima na podmazani lim za pečenje (kolačiće). Pecite u prethodno zagrijanoj pećnici na 190°C/375°F/plinska oznaka 5 10 minuta dok ne porumene. Ostaviti da se ohladi.

Otopite čokoladu u zdjeli otpornoj na toplinu postavljenoj iznad posude s vodom koja lagano ključa. Umočite krajeve keksa u otopljenu čokoladu i ostavite na limu za pečenje dok se ne stegne.

Keksi s maslacem od kikirikija

Čini 18

100 g/4 oz/½ šalice maslaca ili margarina, omekšalog

100 g/4 oz/½ šalice sitnog (superfinog) šećera

100 g/4 oz/½ šalice hrskavog ili glatkog maslaca od kikirikija

60 ml/4 žlice zlatnog (svijetlog kukuruznog) sirupa

15 ml/1 žlica mlijeka

175 g/6 oz/1½ šalice glatkog (višenamjenskog) brašna

2,5 ml/½ žličice sode bikarbone (soda bikarbona)

Miksajte maslac ili margarin i šećer dok ne postane svijetlo i pjenasto. Umiješajte maslac od kikirikija, a zatim sirup i mlijeko. Pomiješajte brašno i sodu bikarbonu i umiješajte u smjesu, zatim mijesite dok ne postane glatko. Oblikujte cjepanicu i ohladite dok ne postane čvrsta.

Narežite na ploške debljine 5 mm/¼ i posložite na malo namašćen lim za pečenje (kolačiće). Pecite kekse (kolačiće) u prethodno zagrijanoj pećnici na 180°C/350°F/plinska oznaka 4 12 minuta dok ne porumene.

Maslac od kikirikija i čokoladni kolutići

Čini 24

50 g/2 oz/¼ šalice maslaca ili margarina, omekšalog

50 g/2 oz/¼ šalice mekog smeđeg šećera

50 g/2 oz/¼ šalice sitnog (superfinog) šećera

50 g/2 oz/¼ šalice glatkog maslaca od kikirikija

1 žumanjak

75 g/3 oz/¾ šalice glatkog (višenamjenskog) brašna

2,5 ml/½ žličice sode bikarbone (soda bikarbona)

50 g/2 oz/½ šalice obične (poluslatke) čokolade

Miksajte maslac ili margarin i šećer dok ne postane svijetlo i pjenasto. Postupno umiješajte maslac od kikirikija, a zatim žumanjak. Pomiješajte brašno i sodu bikarbonu i umiješajte u smjesu da dobijete čvrsto tijesto. U međuvremenu otopite čokoladu u zdjeli otpornoj na toplinu postavljenoj iznad posude s vodom koja lagano ključa. Tijesto razvaljajte na 30 x 46 cm/12 x 18 in premažite otopljenom čokoladom gotovo do rubova. Zarolajte s duže strane, zamotajte u prozirnu foliju (plastičnu foliju) i ohladite dok se ne stegne.

Narežite roladu na 5 mm/¼ kriške i posložite na nepodmazan lim za pečenje (kolačiće). Pecite u prethodno zagrijanoj pećnici na 180°C/350°F/plinska oznaka 4 10 minuta dok ne porumene.

Ovseni keksi s maslacem od kikirikija

Čini 24

75 g/3 oz/1/3 šalice maslaca ili margarina, omekšalog

75 g/3 oz/1/3 šalice maslaca od kikirikija

150 g/5 oz/2/3 šalice mekog smeđeg šećera

1 jaje

50 g/2 oz/½ šalice glatkog (višenamjenskog) brašna

2,5 ml/½ žličice praška za pecivo

Prstohvat soli

Nekoliko kapi esencije vanilije (ekstrakt)

75 g/3 oz/¾ šalice valjane zobi

40 g/1½ oz/1/3 šalice komadića čokolade

Pomiješajte maslac ili margarin, maslac od kikirikija i šećer dok ne postane svijetlo i pjenasto. Postupno umiješajte jaje. Umiješajte brašno, prašak za pecivo i sol. Umiješajte aromu vanilije, zobene zobi i komadiće čokolade. Žličnicama stavljajte na podmazan lim za pečenje (kolačiće) i pecite kekse (kolačiće) u prethodno zagrijanoj pećnici na 180°C/350°F/plinska oznaka 4 15 minuta.

Keksi s medom i kokosom i kikiriki puterom

Čini 24

120 ml/4 fl oz/½ šalice ulja

175 g/6 oz/½ šalice bistrog meda

175 g/6 oz/¾ šalice hrskavog maslaca od kikirikija

1 jaje, tučeno

100 g/4 oz/1 šalica valjane zobi

225 g/8 oz/2 šalice integralnog (cjelovitog) brašna

50 g/2 oz/½ šalice osušenog (naribanog) kokosa

Pomiješajte ulje, med, maslac od kikirikija i jaje, a zatim umiješajte preostale sastojke. Žličnicama stavljajte na podmazan lim za pečenje (kolačiće) i lagano poravnajte na oko 6 mm/¼ debljine. Pecite kekse (kolačiće) u prethodno zagrijanoj pećnici na 180°C/350°F/plinska oznaka 4 12 minuta dok ne porumene.

Keksi s pekan orahom

Čini 24

100 g/4 oz/½ šalice maslaca ili margarina, omekšalog

45 ml/3 žlice mekog smeđeg šećera

100 g/4 oz/1 šalica glatkog (višenamjenskog) brašna

Prstohvat soli

5 ml/1 žličica esencije vanilije (ekstrakt)

100 g/4 oz/1 šalica pekan oraha, sitno nasjeckanih

Šećer u prahu (slastičarski), prosijani, za posipanje

Miksajte maslac ili margarin i šećer dok ne postane svijetlo i pjenasto. Postupno umiješajte preostale sastojke osim šećera u prahu. Oblikujte kuglice od 3 cm/1½ i rasporedite na podmazan lim za pečenje (kolačiće). Pecite kekse (kolačiće) u prethodno zagrijanoj pećnici na 160°C/325°F/plin oznaka 3 15 minuta dok ne porumene. Poslužite posipano šećerom u prahu.

Pinwheel keksi

Čini 24

175 g/6 oz/1½ šalice glatkog (višenamjenskog) brašna

5 ml/1 žličica praška za pecivo

Prstohvat soli

75 g/3 oz/1/3 šalice maslaca ili margarina

75 g/3 oz/1/3 šalice sitnog (superfinog) šećera

Nekoliko kapi esencije vanilije (ekstrakt)

20 ml/4 žličice vode

10 ml/2 žličice kakaa (nezaslađene čokolade) u prahu

Pomiješajte brašno, prašak za pecivo i sol, zatim utrljajte maslac ili margarin dok smjesa ne podsjeća na krušne mrvice. Umiješajte šećer. Dodajte esenciju vanilije i vodu i zamijesite glatko tijesto. Oblikujte kuglu, pa prepolovite. U jednu polovicu tijesta umiješajte kakao. Svaki komad tijesta razvaljajte na pravokutnik veličine 25 x 18 cm/10 x 7 i stavite jedan na drugi. Lagano zarolajte da se zalijepe. Zarolajte tijesto s duže strane i nježno ga pritisnite. Zamotajte u prozirnu foliju (plastičnu foliju) i ohladite oko 30 minuta.

Narežite na kriške debljine 2,5 cm/1 i složite, dobro razmaknute, u podmazan lim za pečenje (kolačiće). Pecite kekse (kolačiće) u prethodno zagrijanoj pećnici na 180°C/350°F/plinska oznaka 4 15 minuta dok ne porumene.

Brzi keksi s mlaćenicom

Čini 12

75 g/3 oz/1/3 šalice maslaca ili margarina

225 g/8 oz/2 šalice glatkog (višenamjenskog) brašna

15 ml/1 žlica praška za pecivo

2,5 ml/½ žličice soli

175 ml/6 tečnih oz/¾ šalice mlaćenice

Šećer u prahu (poslastičarski), prosijani, za posipanje (po želji)

Maslac ili margarin utrljajte u brašno, prašak za pecivo i sol dok smjesa ne bude poput krušnih mrvica. Postupno dodajte mlaćenicu da dobijete mekano tijesto. Smjesu razvaljajte na lagano pobrašnjenoj površini na oko 2 cm/¾ debljine i izrežite krugove kalupom za kekse. Stavite kekse na podmazan lim za pečenje (kolačiće) i pecite u prethodno zagrijanoj pećnici na 230°C/450°F/plin oznaka 8 10 minuta dok ne porumene. Pospite šećerom u prahu, ako želite.

Keksi s grožđicama

Čini 24

100 g/4 oz/½ šalice maslaca ili margarina, omekšalog

50 g/2 oz/¼ šalice sitnog (superfinog) šećera

Naribana korica 1 limuna

50 g/2 oz/1/3 šalice grožđica

150 g/5 oz/1¼ šalice samodizajućeg (samodizajućeg) brašna

Miksajte maslac ili margarin i šećer dok ne postane svijetlo i pjenasto. Razradite limunovu koricu, zatim umiješajte grožđice i brašno da dobijete čvrstu smjesu. Oblikujte velike kuglice veličine oraha i složite ih dobro razmaknute na podmazan lim za pečenje (kolačiće), pa lagano pritisnite vilicom da se spljošte. Pecite kekse (kolačiće) u prethodno zagrijanoj pećnici na 180°C/350°F/plinska oznaka 4 15 minuta dok ne porumene.

Mekani keksi s grožđicama

Čini 36

100 g/4 oz/2/3 šalice grožđica

90 ml/6 žlica kipuće vode

50 g/2 oz/¼ šalice maslaca ili margarina, omekšalog

175 g/6 oz/¾ šalice sitnog (superfinog) šećera

1 jaje, lagano tučeno

2,5 ml/½ žličice esencije vanilije (ekstrakt)

175 g/6 oz/1½ šalice glatkog (višenamjenskog) brašna

2,5 ml/½ žličice praška za pecivo

1,5 ml/¼ žličice sode bikarbone (soda bikarbona)

2,5 ml/½ žličice soli

2,5 ml/½ žličice mljevenog cimeta

Prstohvat naribanog muškatnog oraščića

50 g/2 oz/½ šalice sjeckanih miješanih orašastih plodova

Stavite grožđice i kipuću vodu u tavu, zakuhajte, poklopite i kuhajte 3 minute. Ostaviti da se ohladi. Miksajte maslac ili margarin i šećer dok ne postane svijetlo i pjenasto. Postupno umiješajte jaje i asenciju vanilije. Dodajte brašno, prašak za pecivo, sodu bikarbonu, sol i začine naizmjenično s grožđicama i tekućinom za namakanje. Umiješajte orahe i zamijesite mekano tijesto. Zamotajte u prozirnu foliju (plastičnu foliju) i ohladite najmanje 1 sat.

Žlicama stavljajte tijesto na podmazan lim za pečenje (kolačiće) i pecite kekse (kolačiće) u prethodno zagrijanoj pećnici na 180°C/350°F/plin oznaka 4 10 minuta dok ne porumene.

Kriške grožđica i melase

Čini 24

25 g/1 oz/2 žlice maslaca ili margarina, omekšalog

100 g/4 oz/½ šalice sitnog (superfinog) šećera

1 žumanjak

30 ml/2 žlice crnog melase (melase)

75 g/3 oz/½ šalice ribiza

150 g/5 oz/1¼ šalice glatkog (višenamjenskog) brašna

5 ml/1 žličica sode bikarbone (soda bikarbona)

5 ml/1 žličica mljevenog cimeta

Prstohvat soli

30 ml/2 žlice hladne crne kave

Miksajte maslac ili margarin i šećer dok ne postane svijetlo i pjenasto. Postupno umiješajte žumanjak i melasu pa umiješajte ribizle. Pomiješajte brašno, sodu bikarbonu, cimet i sol te umiješajte u smjesu s kavom. Pokrijte i ohladite smjesu.

Razvaljajte na kvadrat veličine 30 cm/12, a zatim smotajte u cjepanicu. Stavite na podmazan lim za pečenje (kolačiće) i pecite u prethodno zagrijanoj pećnici na 180°C/350°F/plinska oznaka 4 15 minuta dok ne budu čvrsti na dodir. Narežite na kriške, pa ostavite da se ohladi na rešetki.

Ratafia keksi

Čini 16

100 g/4 oz/½ šalice granuliranog šećera

50 g/2 oz/¼ šalice mljevenih badema

15 ml/1 žlica mljevene riže

1 bjelanjak

25 g/1 oz/¼ šalice narezanih badema u listićima

Pomiješajte šećer, mljevene bademe i mljevenu rižu. Umutiti bjelanjak i nastaviti mutiti 2 minute. Izvadite kekse (kolačiće) veličine oraha na lim za pečenje (kolačiće) obložen rižinim papirom pomoću običnog nastavka (vrha) od 5 mm/¼. Na svaki biskvit stavite listiće badema. Pecite u prethodno zagrijanoj pećnici na 190°C/375°F/plinska oznaka 5 15 minuta dok ne porumene.

Kolačići od riže i muslija

Čini 24

75 g/3 oz/¼ šalice kuhane smeđe riže

50 g/2 oz/½ šalice mueslija

75 g/3 oz/¾ šalice integralnog (cjelovitog) brašna

2,5 ml/½ žličice soli

2,5 ml/½ žličice sode bikarbone (soda bikarbona)

5 ml/1 žličica mljevene mješavine (pita od jabuka) začina

30 ml/2 žlice bistrog meda

75 g/3 oz/1/3 šalice maslaca ili margarina, omekšalog

Pomiješajte rižu, muesli, brašno, sol, sodu bikarbonu i mješavinu začina. Pjenasto izradite med i maslac ili margarin dok ne omekšaju. Umutite u smjesu riže. Od smjese oblikujte kuglice veličine oraha i dobro ih razdvojite na podmazane limove za pečenje (kolačiće). Malo poravnajte, zatim pecite u prethodno zagrijanoj pećnici na 190°C/375°F/plinska oznaka 5 15 minuta ili dok ne porumene. Ostavite da se ohladi 10 minuta, zatim prebacite na rešetku da se dovrši hlađenje. Čuvati u hermetički zatvorenoj posudi.

Romanske kreme

Čini 10

25 g/1 oz/2 žlice svinjske masti (maslina)

25 g/1 oz/2 žlice maslaca ili margarina, omekšalog

50 g/2 oz/¼ šalice mekog smeđeg šećera

2,5 ml/½ žličice zlatnog (svijetlog kukuruznog) sirupa

50 g/2 oz/½ šalice glatkog (višenamjenskog) brašna

Prstohvat soli

25 g/1 oz/¼ šalice valjane zobi

2,5 ml/½ žličice mljevene mješavine začina (pita od jabuka).

2,5 ml/½ žličice sode bikarbone (soda bikarbona)

10 ml/2 žličice kipuće vode

Glazura od maslaca

Pomiješajte mast, maslac ili margarin i šećer dok ne postane svijetlo i pjenasto. Umutite sirup, zatim dodajte brašno, sol, zob i miješane začine i miješajte dok se dobro ne sjedini. Otopite sodu bikarbonu u vodi i umijesite čvrstu smjesu. Oblikujte 20 malih loptica jednake veličine i dobro ih razmaknite na podmazane limove za pečenje (kolačiće). Lagano spljoštite dlanom. Pecite u prethodno zagrijanoj pećnici na 160°C/325°F/plinska oznaka 3 15 minuta. Ostavite da se ohladi na papiru za pečenje. Kad se ohladi, izložite parove keksa zajedno s glazurom od maslaca (glazurom).

Keksi s pijeskom

Čini 48

100 g/4 oz/½ šalice maslaca ili tvrdog margarina, omekšalog

225 g/8 oz/1 šalica mekog smeđeg šećera

1 jaje, lagano tučeno

225 g/8 oz/2 šalice glatkog (višenamjenskog) brašna

Bjelanjak za glazuru

30 ml/2 žlice mljevenog kikirikija

Miksajte maslac ili margarin i šećer dok ne postane svijetlo i pjenasto. Umutiti jaje, zatim umiješati brašno. Na malo pobrašnjenoj podlozi razvaljajte vrlo tanko i kalupom za biskvit (kolačiće) izrežite oblike. Stavite kekse na podmazan lim za pečenje (kolačiće), vrh premažite bjelanjkom i pospite kikirikijem. Pecite u prethodno zagrijanoj pećnici na 180°C/350°F/plinska oznaka 4 10 minuta dok ne porumene.

Kolačići s kiselim vrhnjem

Čini 24

50 g/2 oz/¼ šalice maslaca ili margarina, omekšalog

175 g/6 oz/¾ šalice sitnog (superfinog) šećera

1 jaje

60 ml/4 žlice kiselog (mliječnog) vrhnja

2,5 ml/½ žličice esencije vanilije (ekstrakt)

150 g/5 oz/1¼ šalice glatkog (višenamjenskog) brašna

2,5 ml/½ žličice praška za pecivo

75 g/3 oz/½ šalice grožđica

Miksajte maslac ili margarin i šećer dok ne postane svijetlo i pjenasto. Postupno umiješajte jaje, vrhnje i aromu vanilije. Pomiješajte brašno, prašak za pecivo i grožđice i umiješajte u smjesu dok se dobro ne sjedini. Zaobljene čajne žličice smjese stavljajte na lagano podmazane limove za pečenje (kolačiće) i pecite u prethodno zagrijanoj pećnici na 180°C/350°F/plin oznaka 4 oko 10 minuta dok ne porumene.

Keksi od smeđeg šećera

Čini 24

100 g/4 oz/½ šalice maslaca ili margarina, omekšalog

100 g/4 oz/½ šalice mekog smeđeg šećera

1 jaje, lagano tučeno

2,5 ml/1 žličica esencije vanilije (ekstrakt)

150 g/5 oz/1¼ šalice glatkog (višenamjenskog) brašna

2,5 ml/½ žličice sode bikarbone (soda bikarbona)

Prstohvat soli

75 g/3 oz/½ šalice sultanije (zlatne grožđice)

Miksajte maslac ili margarin i šećer dok ne postane svijetlo i pjenasto. Postupno umiješajte jaje i asenciju vanilije. Umiješajte preostale sastojke dok ne postane glatko. Stavite okrugle pune čajne žličice dobro odvojene na lagano podmazan lim za pečenje (kolačiće). Pecite kekse (kolačiće) u prethodno zagrijanoj pećnici na 180°C/plin oznaka 4 12 minuta dok ne porumene.

Keksi od šećera i muškatnog oraščića

Čini 24

50 g/2 oz/¼ šalice maslaca ili margarina, omekšalog

100 g/4 oz/½ šalice sitnog (superfinog) šećera

1 žumanjak

2,5 ml/½ žličice esencije vanilije (ekstrakt)

150 g/5 oz/1¼ šalice glatkog (višenamjenskog) brašna

5 ml/1 žličica praška za pecivo

Prstohvat naribanog muškatnog oraščića

60 ml/4 žlice kiselog (mliječnog) vrhnja

Miksajte maslac ili margarin i šećer dok ne postane svijetlo i pjenasto. Istucite žumanjak i aromu vanilije pa umiješajte brašno, prašak za pecivo i muškatni oraščić. Umiješajte vrhnje dok ne postane glatko. Pokrijte i ohladite 30 minuta.

Tijesto razvaljajte na 5 mm/¼ debljine i kalupom za kekse izrežite na krugove od 5 cm/2. Stavite kekse na nepodmazan lim za pečenje (kolačiće) i pecite u prethodno zagrijanoj pećnici na 200°C/400°F/plin oznaka 6 10 minuta dok ne porumene.

Prhko tijesto

Čini 8

150 g/5 oz/1¼ šalice glatkog (višenamjenskog) brašna

Prstohvat soli

25 g/1 oz/¼ šalice rižinog brašna ili mljevene riže

50 g/2 oz/¼ šalice sitnog (superfinog) šećera

100 g/4 oz/¼ šalice maslaca ili tvrdog margarina, ohlađenog i naribanog

Pomiješajte brašno, sol i rižino brašno ili mljevenu rižu. Umiješajte šećer, zatim maslac ili margarin. Smjesu izradite vršcima prstiju dok ne nalikuje krušnim mrvicama. Utisnite u kalup za sendviče (tepsiju) od 18 cm/7 in poravnajte vrh. Izbodite vilicom po cijelom dijelu i razrežite na osam jednakih klinova, zarežite do baze. Ohladite 1 sat.

Pecite u prethodno zagrijanoj pećnici na 150°C/300°F/plinska oznaka 2 1 sat dok ne poprime blijedu slamnatu boju. Ostavite da se ohladi u kalupu prije nego što ga izvadite.

Božićni prhki kruh

Čini 12

175 g/6 oz/¾ šalice maslaca ili margarina

250 g/9 oz/2¼ šalice glatkog (višenamjenskog) brašna

75 g/3 oz/1/3 šalice sitnog (superfinog) šećera

Za preljev:

15 ml/1 žlica nasjeckanih badema

15 ml/1 žlica nasjeckanih oraha

30 ml/2 žlice grožđica

30 ml/2 žlice glacé (kandiranih) nasjeckanih višanja

Naribana korica 1 limuna

15 ml/1 žlica sitnog (superfinog) šećera za posipanje

Maslac ili margarin utrljajte u brašno dok smjesa ne bude poput krušnih mrvica. Umiješajte šećer. Pritisnite smjesu zajedno u pastu i mijesite dok ne bude glatka. Utisnite u podmazan kalup za rolade (jelly roll kalup) i poravnajte površinu. Pomiješajte sastojke za preljev i utisnite ih u pastu. Označite na 12 prstiju, pa pecite u prethodno zagrijanoj pećnici na 180°C/350°F/plinska oznaka 4 30 minuta. Pospite šećerom, narežite na prste i ostavite da se ohladi u kalupu.

Pecivo s medom

Čini 12

100 g/4 oz/½ šalice maslaca ili margarina, omekšalog

75 g/3 oz/¼ šalice set meda

200 g/7 oz/1¾ šalice integralnog (cjelovitog) brašna

25 g/1 oz/¼ šalice smeđeg rižinog brašna

Naribana korica 1 limuna

Umiješajte maslac ili margarin i med dok ne omekšaju. Umiješajte brašno i limunovu koricu i izradite mekano tijesto. Utisnite u namašćen i pobrašnjen kalup za torte (tepsiju) 18 cm/7 ili kalup za prhko tijesto i sve izbodite vilicom. Označite u 12 klinova i skupite rubove. Ohladite 1 sat.

Pecite u prethodno zagrijanoj pećnici na 150°C/300°F/plinska oznaka 2 40 minuta dok ne porumene. Izrežite na označene komade i ostavite da se ohlade u kalupu.

Prhki kolač od limuna

Čini 12

100 g/4 oz/1 šalica glatkog (višenamjenskog) brašna

50 g/2 oz/½ šalice kukuruznog brašna (kukuruzni škrob)

100 g/4 oz/½ šalice maslaca ili margarina, omekšalog

50 g/2 oz/¼ šalice sitnog (superfinog) šećera

Naribana korica 1 limuna

Žestoki (superfini) šećer za posipanje

Prosijte zajedno brašno i kukuruzno brašno. Miješajte maslac ili margarin dok ne omekšaju, zatim tucite šećer dok ne postane pjenast. Umiješajte limunovu koricu, zatim tucite smjesu brašna dok se dobro ne sjedini. Prhko tijesto razvaljajte na 20 cm/8 u krug i stavite na podmazan lim za pečenje (kolačiće). Izbockati vilicom po cijelom dijelu i izbosti rubove. Izrežite na 12 kriški, pa pospite šećerom. Ohladite u hladnjaku 15 minuta. Pecite u prethodno zagrijanoj pećnici na 160°C/325°F/plinska oznaka 3 35 minuta dok ne porumene. Ostavite da se ohladi na limu za pečenje 5 minuta prije nego što ga okrenete na rešetku da se dovrši hlađenje.

Prhko pecivo od mljevenog mesa

Čini 8

175 g/6 oz/¾ šalice maslaca ili margarina, omekšalog

50 g/2 oz/¼ šalice sitnog (superfinog) šećera

225 g/8 oz/2 šalice glatkog (višenamjenskog) brašna

60 ml/4 žlice mljevenog mesa

Pjenasto izradite maslac ili margarin i šećer dok ne omekšaju. Umiješajte brašno, a zatim mljeveno meso. Utisnite u kalup za sendviče od 23 cm/7 in i poravnajte vrh. Izbodite vilicom po cijeloj površini i izrežite na osam klinova, zarežite do baze. Ohladite 1 sat.

Pecite u prethodno zagrijanoj pećnici na 160°C/325°F/plinska oznaka 3 1 sat dok ne dobiju blijedu slamnatu boju. Ostavite da se ohladi u kalupu prije nego što ga izvadite.

Prhko tijesto s orašastim plodovima

Čini 12

100 g/4 oz/½ šalice maslaca ili margarina, omekšalog

50 g/2 oz/¼ šalice sitnog (superfinog) šećera

100 g/4 oz/1 šalica glatkog (višenamjenskog) brašna

50 g/2 oz/½ šalice mljevene riže

50 g/2 oz/½ šalice badema, sitno nasjeckanih

Miksajte maslac ili margarin i šećer dok ne postane svijetlo i pjenasto. Umiješajte brašno i mljevenu rižu. Umiješajte orahe i zamijesite čvrsto tijesto. Lagano mijesite dok ne postane glatko. Utisnite u podmazani kalup za švicarske rolade (posuda za žele rolade) i poravnajte površinu. Sve izbockati vilicom. Pecite u prethodno zagrijanoj pećnici na 160°C/325°F/plinska oznaka 3 45 minuta dok ne porumene. Ostavite da se hladi u kalupu 10 minuta, pa režite na prste. Ostavite u limu da se ohladi prije nego što ga izvadite.

Narančasto pecivo

Čini 12

100 g/4 oz/1 šalica glatkog (višenamjenskog) brašna

50 g/2 oz/½ šalice kukuruznog brašna (kukuruzni škrob)

100 g/4 oz/½ šalice maslaca ili margarina, omekšalog

50 g/2 oz/¼ šalice sitnog (superfinog) šećera

Naribana korica 1 naranče

Žestoki (superfini) šećer za posipanje

Prosijte zajedno brašno i kukuruzno brašno. Miješajte maslac ili margarin dok ne omekšaju, zatim tucite šećer dok ne postane pjenast. Umiješajte narančinu koricu, zatim tucite smjesu brašna dok se dobro ne sjedini. Prhko tijesto razvaljajte na 20 cm/8 u krug i stavite na podmazan lim za pečenje (kolačiće). Izbockati vilicom po cijelom dijelu i izbosti rubove. Izrežite na 12 kriški, pa pospite šećerom. Ohladite u hladnjaku 15 minuta. Pecite u prethodno zagrijanoj pećnici na 160°C/325°F/plinska oznaka 3 35 minuta dok ne porumene. Ostavite da se ohladi na limu za pečenje 5 minuta prije nego što ga okrenete na rešetku da se dovrši hlađenje.

Rich Man's Shortbread

Čini 36

Za bazu:

225 g/8 oz/1 šalica maslaca ili margarina

275 g/10 oz/2½ šalice glatkog (višenamjenskog) brašna

100 g/4 oz/½ šalice sitnog (superfinog) šećera

Za nadjev:

225 g/8 oz/1 šalica maslaca ili margarina

225 g/8 oz/1 šalica mekog smeđeg šećera

60 ml/4 žlice zlatnog (svijetlog kukuruznog) sirupa

400 g/14 oz konzerviranog kondenziranog mlijeka

Nekoliko kapi esencije vanilije (ekstrakt)

Za preljev:

225 g/8 oz/2 šalice obične (poluslatke) čokolade

Za podlogu, u brašno utrljajte maslac ili margarin, zatim umiješajte šećer i zamijesite čvrstu smjesu. Utisnite u podmazani kalup za švicarske rolade (tepsiju za žele rolade) obložen folijom. Pecite u prethodno zagrijanoj pećnici na 180°C/350°F/plinska oznaka 4 35 minuta dok ne porumene. Ostaviti u plehu da se ohladi.

Za nadjev na laganoj vatri uz stalno miješanje otopite maslac ili margarin, šećer, sirup i kondenzirano mlijeko. Pustite da zavrije, a zatim lagano kuhajte uz neprestano miješanje 7 minuta. Maknite s vatre, dodajte esenciju vanilije i dobro promiješajte. Preliti preko podloge i ostaviti da se ohladi i stegne.

Otopite čokoladu u zdjeli otpornoj na toplinu postavljenoj iznad posude s vodom koja lagano ključa. Premažite preko sloja karamela i vilicom izrežite šare. Ostavite da se ohladi i stegne pa režite na kvadrate.

Prhko pecivo od integralne zobi

Čini 10

100 g/4 oz/½ šalice maslaca ili margarina

150 g/5 oz/1¼ šalice integralnog (cjelovitog) brašna

25 g/1 oz/¼ šalice zobenog brašna

50 g/2 oz/¼ šalice mekog smeđeg šećera

Maslac ili margarin utrljajte u brašno dok smjesa ne bude poput krušnih mrvica. Umiješajte šećer i lagano izradite mekano, mrvičasto tijesto. Razvaljajte na lagano pobrašnjenoj površini na oko 1 cm/½ debljine i izrežite kalupom za kekse na krugove veličine 5 cm/2. Pažljivo prebacite u podmazan lim za pečenje (kolačiće) i pecite u prethodno zagrijanoj pećnici na 150°C/300°F/plinska oznaka 3 oko 40 minuta dok ne porumene i ne postanu čvrsti.

Bademovi vrtlozi

Čini 16

175 g/6 oz/¾ šalice maslaca ili margarina, omekšalog

50 g/2 oz/1/3 šalice šećera u prahu (slastičarskog), prosijanog

2,5 ml/½ žličice esencije badema (ekstrakt)

175 g/6 oz/1½ šalice glatkog (višenamjenskog) brašna

8 glacé (ušećerenih) trešanja, prepolovljenih ili na četvrtine

Šećer u prahu (slastičarski), prosijani, za posipanje

Pjenasto izradite maslac ili margarin i šećer. Umutiti bademovu esenciju i brašno. Premjestite smjesu u vrećicu s velikim zvjezdastim nastavkom (vrhom). Cijev 16 plosnato izmotajte na podmazan lim za pečenje (kolačiće). Svaku stavite komadićem trešnje. Pecite u prethodno zagrijanoj pećnici na 160°C/325°F/plinska oznaka 3 20 minuta dok ne porumene. Ostavite na plehu da se hladi 5 minuta pa prebacite na rešetku i pospite šećerom u prahu.

Čokoladni meringu kolačić

Čini 24

100 g/4 oz/½ šalice maslaca ili margarina, omekšalog

5 ml/1 žličica esencije vanilije (ekstrakt)

4 bjelanjka

200 g/7 oz/1¾ šalice glatkog (višenamjenskog) brašna

50 g/2 oz/¼ šalice sitnog (superfinog) šećera

45 ml/3 žlice kakaa (nezaslađene čokolade) u prahu

100 g/4 oz/2/3 šalice šećera u prahu (poslastičarskog), prosijanog

Umutiti maslac ili margarin, aromu vanilije i snijeg od dva bjelanjka. Pomiješajte brašno, šećer i kakao pa postupno umiješajte u smjesu s maslacem. Utisnite u podmazan četvrtasti lim (tepsiju) veličine 30 cm/12 cm. Preostale bjelanjke istucite sa šećerom u prahu i premažite po vrhu. Pecite u prethodno zagrijanoj pećnici na 190°C/375°F/plinska oznaka 5 20 minuta dok ne porumene. Narežite na štanglice.

Biskvit Ljudi

Čini oko 12

100 g/4 oz/½ šalice maslaca ili margarina, omekšalog

100 g/4 oz/½ šalice sitnog (superfinog) šećera

1 jaje, tučeno

225 g/8 oz/2 šalice glatkog (višenamjenskog) brašna

Nekoliko ribiza i glacé (ušećerenih) trešanja

Pjenasto izradite maslac ili margarin i šećer. Postupno dodajte jaje i dobro umutite. Metalnom žlicom umiješajte brašno. Razvaljajte smjesu na lagano pobrašnjenoj površini na oko 5 mm/¼ debljine. Izrežite osobe rezačem za kekse (kolačiće) ili nožem, ponovno motajući dijelove dok ne potrošite svo tijesto. Stavite na podmazan lim za pečenje (kolačiće) i utisnite ribizle za oči i gumbe. Izrežite ploške trešnje za usta. Pecite kekse (kolačiće) u prethodno zagrijanoj pećnici na 190°C/375°F/plinska oznaka 5 10 minuta dok ne postanu blijedo smeđi. Ostavite da se ohladi na rešetki.

Ledeni kolač od đumbira

Pravi dvije torte od 20 cm/8

Za kolač:

225 g/8 oz/1 šalica maslaca ili margarina, omekšalog

100 g/4 oz/½ šalice sitnog (superfinog) šećera

275 g/10 oz/2½ šalice glatkog (višenamjenskog) brašna

10 ml/2 žličice praška za pecivo

10 ml/2 žličice mljevenog đumbira

Za glazuru (glazuru):

50 g/2 oz/¼ šalice maslaca ili margarina

15 ml/1 žlica zlatnog (svijetlog kukuruznog) sirupa

100 g/4 oz/2/3 šalice šećera u prahu (poslastičarskog), prosijanog

5 ml/1 žličica mljevenog đumbira

Da biste napravili kolač, pomiješajte maslac ili margarin i šećer dok ne postane svijetlo i pjenasto. Umiješajte preostale sastojke za kolače da napravite tijesto, podijelite smjesu na pola i utisnite u dva namašćena kalupa za sendviče (tepsije) veličine 20 cm/8. Pecite u prethodno zagrijanoj pećnici na 160°C/325°F/gasmark 3 40 minuta.

Za glazuru otopite maslac ili margarin i sirup u tavi. Dodajte šećer u prahu i đumbir i dobro promiješajte. Prelijte oba kolača i ostavite dok se ne ohlade, a zatim narežite na kriške.

Shrewsbury keksi

Čini 24

100 g/4 oz/½ šalice maslaca ili margarina, omekšalog

100 g/4 oz/½ šalice sitnog (superfinog) šećera

1 žumanjak

225 g/8 oz/2 šalice glatkog (višenamjenskog) brašna

5 ml/1 žličica praška za pecivo

5 ml/1 žličica naribane limunove korice

Miksajte maslac ili margarin i šećer dok ne postane svijetlo i pjenasto. Postupno umiješajte žumanjak, zatim dodajte brašno, prašak za pecivo i limunovu koricu, dovršavajući rukama dok se smjesa ne poveže. Razvaljajte na 5 mm/¼ debljine i kalupom za biskvit (kolačiće) izrežite krugove od 6 cm/2¼. Kekse dobro razmaknute u podmazan lim za pečenje (kolačiće) i izbodite vilicom. Pecite u prethodno zagrijanoj pećnici na 180°C/350°F/plinska oznaka 4 15 minuta do blijedo zlatne boje.

Španjolski začinjeni keksi

Čini 16

90 ml/6 žlica maslinovog ulja

100 g/4 oz/½ šalice granuliranog šećera

100 g/4 oz/1 šalica glatkog (višenamjenskog) brašna

15 ml/1 žlica praška za pecivo

10 ml/2 žličice mljevenog cimeta

3 jaja

Naribana korica 1 limuna

30 ml/2 žlice šećera u prahu (slastičarskog), prosijanog

Zagrijte ulje u manjoj tavi. Pomiješajte šećer, brašno, prašak za pecivo i cimet. U posebnoj zdjeli pjenasto istucite jaja i koricu limuna. Umiješajte suhe sastojke i ulje da dobijete glatku smjesu. Ulijte tijesto u dobro podmazan kalup za švicarske rolade (tepsiju za žele rolade) i pecite u prethodno zagrijanoj pećnici na 180°C/350°F/plinska oznaka 4 30 minuta dok ne porumeni. Izokrenuti, ostaviti da se ohladi pa izrezati na trokute i posuti biskvite (kolačiće) šećerom u prahu.

Starinski začinski keksi

Čini 24

75 g/3 oz/1/3 šalice maslaca ili margarina

50 g/2 oz/¼ šalice sitnog (superfinog) šećera

45 ml/3 žlice crnog melase (melase)

175 g/6 oz/¾ šalice glatkog (višenamjenskog) brašna

5 ml/1 žličica mljevenog cimeta

5 ml/1 žličica mljevene mješavine začina (pita od jabuka).

2,5 ml/½ žličice mljevenog đumbira

2,5 ml/½ žličice sode bikarbone (soda bikarbona)

Na laganoj vatri zajedno otopite maslac ili margarin, šećer i melasu. U zdjeli pomiješajte brašno, začine i sodu bikarbonu. Ulijte u smjesu od melase i miješajte dok se dobro ne sjedini. Umijesite mekano tijesto i oblikujte male kuglice. Poredajte, dobro razmaknute, na podmazan lim za pečenje (kolačiće) i pritisnite vilicom. Pecite kekse (kolačiće) u prethodno zagrijanoj pećnici na 180°C/350°F/plin oznaka 4 12 minuta dok ne postanu čvrsti i zlatnožuti.

Melasa keksi

Čini 24

75 g/3 oz/1/3 šalice maslaca ili margarina, omekšalog

100 g/4 oz/½ šalice mekog smeđeg šećera

1 žumanjak

30 ml/2 žlice crnog melase (melase)

100 g/4 oz/1 šalica glatkog (višenamjenskog) brašna

5 ml/1 žličica sode bikarbone (soda bikarbona)

Prstohvat soli

5 ml/1 žličica mljevenog cimeta

2,5 ml/½ žličice mljevenih klinčića

Miksajte maslac ili margarin i šećer dok ne postane svijetlo i pjenasto. Postupno umiješajte žumanjak i melasu. Pomiješajte brašno, sodu bikarbonu, sol i začine te umiješajte u smjesu. Pokrijte i ohladite.

Smjesu razvaljajte u kuglice veličine 3 cm/1½ i rasporedite u podmazan lim za pečenje (kolačiće). Pecite kekse (kolačiće) u prethodno zagrijanoj pećnici na 180°C/350°F/plinska oznaka 4 10 minuta dok se ne stisnu.

Kolačići od melase, marelice i oraha

Čini oko 24

50 g/2 oz/¼ šalice maslaca ili margarina

50 g/2 oz/¼ šalice sitnog (superfinog) šećera

50 g/2 oz/¼ šalice mekog smeđeg šećera

1 jaje, lagano tučeno

2,5 ml/½ žličice sode bikarbone (soda bikarbona)

30 ml/2 žlice tople vode

45 ml/3 žlice crnog melase (melase)

25 g/1 oz gotovih suhih marelica, nasjeckanih

25 g/1 oz/¼ šalice nasjeckanih miješanih orašastih plodova

100 g/4 oz/1 šalica glatkog (višenamjenskog) brašna

Prstohvat soli

Prstohvat mljevenog klinčića

Miksajte maslac ili margarin i šećer dok ne postane svijetlo i pjenasto. Postupno umiješajte jaje. Pomiješajte sodu bikarbonu s vodom, umiješajte u smjesu s preostalim sastojcima. Žličnjacima stavljajte na podmazan lim za pečenje (kolačiće) i pecite u prethodno zagrijanoj pećnici na 180°C/350°F/plinska oznaka 4 10 minuta.

Kolačići od melase i mlaćenice

Čini 24

50 g/2 oz/¼ šalice maslaca ili margarina, omekšalog

50 g/2 oz/¼ šalice mekog smeđeg šećera

150 ml/¼ pt/2/3 šalice crnog melase (melase)

150 ml/¼ pt/2/3 šalice mlaćenice

175 g/6 oz/1½ šalice glatkog (višenamjenskog) brašna

2,5 ml/½ žličice sode bikarbone (soda bikarbona)

Miksajte maslac ili margarin i šećer dok ne postanu svijetli i pjenasti, zatim umiješajte melasu i mlaćenicu naizmjenično s brašnom i sodom bikarbonom. Velikim žličnjacima stavljajte na podmazan lim za pečenje (kolačiće) i pecite u prethodno zagrijanoj pećnici na 190°C/375°F/plinska oznaka 5 10 minuta.

Melasa i keksi od kave

Čini 24

60 g/2½ oz/1/3 šalice svinjske masti (smanjivac)

50 g/2 oz/¼ šalice mekog smeđeg šećera

75 g/3 oz/¼ šalice crnog melase (melase)

2,5 ml/½ žličice esencije vanilije (ekstrakt)

200 g/7 oz/1¾ šalice glatkog (višenamjenskog) brašna

5 ml/1 žličica sode bikarbone (soda bikarbona)

Prstohvat soli

2,5 ml/½ žličice mljevenog đumbira

2,5 ml/½ žličice mljevenog cimeta

60 ml/4 žlice hladne crne kave

Pomiješajte mast i šećer dok ne postane svijetla i pjenasta. Umiješajte melasu i aromu vanilije. Pomiješajte brašno, sodu bikarbonu, sol i začine i umiješajte u smjesu naizmjenično s kavom. Pokrijte i ohladite nekoliko sati.

Tijesto razvaljajte na 5 mm/¼ debljine i kalupom za kekse izrežite na krugove od 5 cm/2. Stavite kekse na nepodmazan lim za pečenje (kolačiće) i pecite u prethodno zagrijanoj pećnici na 190°C/375°F/plinska oznaka 5 10 minuta dok ne postanu čvrsti na dodir.

Kolačići od melase i datulja

Čini oko 24

50 g/2 oz/¼ šalice maslaca ili margarina, omekšalog

50 g/2 oz/¼ šalice sitnog (superfinog) šećera

50 g/2 oz/¼ šalice mekog smeđeg šećera

1 jaje, lagano tučeno

2,5 ml/½ žličice sode bikarbone (soda bikarbona)

30 ml/2 žlice tople vode

45 ml/3 žlice crnog melase (melase)

25 g/1 oz/¼ šalice datulja bez koštica, nasjeckanih

100 g/4 oz/1 šalica glatkog (višenamjenskog) brašna

Prstohvat soli

Prstohvat mljevenog klinčića

Miksajte maslac ili margarin i šećer dok ne postane svijetlo i pjenasto. Postupno umiješajte jaje. Pomiješajte sodu bikarbonu s vodom, pa umiješajte u smjesu s preostalim sastojcima. Žličnjacima stavljajte na podmazan lim za pečenje (kolačiće) i pecite u prethodno zagrijanoj pećnici na 180°C/350°F/plinska oznaka 4 10 minuta.

Kolačići od melase i đumbira

Čini 24

50 g/2 oz/¼ šalice maslaca ili margarina, omekšalog

50 g/2 oz/¼ šalice mekog smeđeg šećera

150 ml/¼ pt/2/3 šalice crnog melase (melase)

150 ml/¼ pt/2/3 šalice mlaćenice

175 g/6 oz/1½ šalice glatkog (višenamjenskog) brašna

2,5 ml/½ žličice sode bikarbone (soda bikarbona)

2,5 ml/½ žličice mljevenog đumbira

1 jaje, tučeno, za glazuru

Pjenasto izradite maslac ili margarin i šećer dok ne postanu svijetli i pjenasti, zatim umiješajte melasu i mlaćenicu naizmjenično s brašnom, sodom bikarbonom i mljevenim đumbirom. Spuštajte velikim žlicama na podmazan lim za pečenje (kolačiće) i premažite vrhove razmućenim jajetom. Pecite u prethodno zagrijanoj pećnici na 190°C/375°F/ plinska oznaka 5 10 minuta.

Keksići od vanilije

Čini 24

150 g/5 oz/2/3 šalice maslaca ili margarina, omekšalog

100 g/4 oz/½ šalice sitnog (superfinog) šećera

1 jaje, tučeno

225 g/8 oz/2 šalice samodizajućeg (samodizajućeg) brašna

Prstohvat soli

10 ml/2 žličice esencije vanilije (ekstrakt)

Glacé (ušećerene) višnje za ukrašavanje

Miksajte maslac ili margarin i šećer dok ne postane svijetlo i pjenasto. Postupno umiješajte jaje, zatim dodajte brašno, sol i aromu vanilije i zamijesite tijesto. Mijesiti dok ne postane glatko. Zamotajte u clingfim (plastičnu foliju) i ohladite 20 minuta.

Tijesto tanko razvaljajte i kalupom za biskvit (kolačiće) režite krugove. Složite u podmazan lim za pečenje (kolačiće) i na svaki stavite po jednu višnju. Pecite kekse u prethodno zagrijanoj pećnici na 180°C/350°F/plinska oznaka 4 10 minuta dok ne porumene. Ostavite da se ohladi na limu za pečenje 10 minuta prije nego što ga prebacite na rešetku da se dovrši hlađenje.

Keksi od oraha

Čini 36

100 g/4 oz/½ šalice maslaca ili margarina, omekšalog

100 g/4 oz/½ šalice mekog smeđeg šećera

100 g/4 oz/½ šalice sitnog (superfinog) šećera

1 veće jaje, lagano tučeno

200 g/7 oz/1¾ šalice glatkog (višenamjenskog) brašna

5 ml/1 žličica praška za pecivo

2,5 ml/½ žličice sode bikarbone (soda bikarbona)

120 ml/4 fl oz/½ šalice mlaćenice

50 g/2 oz/½ šalice nasjeckanih oraha

Pjenasto izmiješajte maslac ili margarin i šećere. Postupno umiješajte jaje pa dodajte brašno, prašak za pecivo i sodu bikarbonu naizmjenično s mlaćenicom. Ubacite orahe. Malim žličnicama stavljajte na podmazan lim za pečenje (kolačiće) i pecite kekse (kolačiće) u prethodno zagrijanoj pećnici na 190°C/375°F/plinska oznaka 5 10 minuta.

Hrskavi keksići

Čini 24

25 g/1 oz svježeg kvasca ili 40 ml/2½ žlice suhog kvasca

450 ml/¾ pt/2 šalice toplog mlijeka

900 g/2 lb/8 šalica oštrog glatkog brašna (za kruh).

175 g/6 oz/¾ šalice maslaca ili margarina, omekšalog

30 ml/2 žlice bistrog meda

2 jaja, istučena

Razmućeno jaje za glazuru

Kvasac pomiješajte s malo toplog mlijeka i ostavite na toplom 20 minuta. Stavite brašno u zdjelu i utrljajte maslac ili margarin. Pomiješajte smjesu s kvascem, preostalim toplim mlijekom, medom i jajima te zamijesite mekano tijesto. Mijesite na lagano pobrašnjenoj površini dok ne bude glatko i elastično. Stavite u nauljenu zdjelu, prekrijte nauljenom prozirnom folijom (plastičnom folijom) i ostavite na toplom mjestu 1 sat dok se ne udvostruči.

Ponovo premijesite pa oblikujte dugačke pljosnate valjke i stavite na podmazan lim za pečenje (kolačiće). Pokrijte nauljenom prozirnom folijom i ostavite na toplom mjestu 20 minuta.

Premažite razmućenim jajetom i pecite u prethodno zagrijanoj pećnici na 200°C/400°F/plinska oznaka 6 20 minuta. Ostavite da se ohladi preko noći.

Narežite na tanke kriške, a zatim ponovno pecite u prethodno zagrijanoj pećnici na 150°C/300°F/plinska oznaka 2 30 minuta dok ne postane hrskava i smeđa.

Cheddar keksi

Čini 12

50 g/2 oz/¼ šalice maslaca ili margarina

200 g/7 oz/1¾ šalice glatkog (višenamjenskog) brašna

15 ml/1 žlica praška za pecivo

Prstohvat soli

50 g/2 oz/½ šalice cheddar sira, naribanog

175 ml/6 tečnih oz/¾ šalice mlijeka

Maslac ili margarin utrljajte u brašno, prašak za pecivo i sol dok smjesa ne bude poput krušnih mrvica. Umiješajte sir, pa umiješajte dovoljno mlijeka da dobijete mekano tijesto. Razvaljajte na lagano pobrašnjenoj površini na oko 2 cm/ ¾ debljine i izrežite krugove kalupom za kekse. Poredajte na nepodmazan lim za pečenje (kolačiće) i pecite kekse (krekere) u prethodno zagrijanoj pećnici na 200°C/400°F/plin oznaka 6 15 minuta dok ne porumene.

Keksi s plavim sirom

Čini 12

50 g/2 oz/¼ šalice maslaca ili margarina

200 g/7 oz/1¾ šalice glatkog (višenamjenskog) brašna

15 ml/1 žlica praška za pecivo

50 g/2 oz/½ šalice Stilton sira, naribanog ili izmrvljenog

175 ml/6 tečnih oz/¾ šalice mlijeka

Maslac ili margarin utrljajte u brašno i prašak za pecivo dok smjesa ne bude poput krušnih mrvica. Umiješajte sir, pa umiješajte dovoljno mlijeka da dobijete mekano tijesto. Razvaljajte na lagano pobrašnjenoj površini na oko 2 cm/ ¾ debljine i izrežite krugove kalupom za kekse. Poredajte na nepodmazan lim za pečenje (kolačiće) i pecite kekse (krekere) u prethodno zagrijanoj pećnici na 200°C/400°F/plin oznaka 6 15 minuta dok ne porumene.

Keksi od sira i sezama

Čini 24

75 g/3 oz/1/3 šalice maslaca ili margarina

75 g/3 oz/¾ šalice integralnog (cjelovitog) brašna

75 g/3 oz/¾ šalice cheddar sira, naribanog

30 ml/2 žlice sjemenki sezama

Sol i svježe mljeveni crni papar

1 jaje, tučeno

Maslac ili margarin utrljajte u brašno dok smjesa ne bude poput krušnih mrvica. Umiješajte sir i pola sjemenki sezama te začinite solju i paprom. Pritisnite zajedno da dobijete čvrsto tijesto. Razvaljajte tijesto na lagano pobrašnjenoj površini na oko 5 mm/¼ debljine i izrežite krugove kalupom za kekse. Kekse (krekere) stavite na podmazan lim za pečenje (kolačiće), premažite jajetom i pospite preostalim sjemenkama sezama. Pecite u prethodno zagrijanoj pećnici na 190°C/375°F/plinska oznaka 5 10 minuta dok ne porumene.

Slamke od sira

Čini 16

225 g/8 oz lisnatog tijesta

1 jaje, tučeno

100 g/4 oz/1 šalica Cheddar ili jakog sira, naribanog

15 ml/1 žlica ribanog parmezana

Sol i svježe mljeveni crni papar

Razvaljajte tijesto (tijesto) na oko 5 mm/¼ debljine i obilno premažite razmućenim jajetom. Pospite sirevima i začinite po ukusu solju i paprom. Narežite na trakice i lagano ih uvijte u spirale. Stavite na navlaženu podlogu za pečenje (kolačiće) i pecite u prethodno zagrijanoj pećnici na 220°C/425°F/plinska oznaka 7 oko 10 minuta dok ne napuhnu i porumene.

Keksi od sira i rajčice

Čini 12

50 g/2 oz/¼ šalice maslaca ili margarina

200 g/7 oz/1¾ šalice glatkog (višenamjenskog) brašna

15 ml/1 žlica praška za pecivo

Prstohvat soli

50 g/2 oz/½ šalice cheddar sira, naribanog

15 ml/1 žlica pirea od rajčice (pasta)

150 ml/¼ pt/2/3 šalice mlijeka

Maslac ili margarin utrljajte u brašno, prašak za pecivo i sol dok smjesa ne bude poput krušnih mrvica. Umiješajte sir pa umiješajte pire od rajčice i toliko mlijeka da dobijete mekano tijesto. Razvaljajte na lagano pobrašnjenoj površini na oko 2 cm/¾ debljine i izrežite krugove kalupom za kekse. Poredajte na nepodmazan lim za pečenje (kolačiće) i pecite kekse (krekere) u prethodno zagrijanoj pećnici na 200°C/400°F/plin oznaka 6 15 minuta dok ne porumene.

Zalogaji od kozjeg sira

Čini 30

2 lista smrznutog filo tijesta (pasta), odmrznuta

50 g/2 oz/¼ šalice neslanog maslaca, otopljenog

50 g/2 oz/½ šalice kozjeg sira, narezanog na kockice

5 ml/1 žličica Provansalskog bilja

Premažite list filo tijesta otopljenim maslacem, stavite drugi list na vrh i premažite maslacem. Izrežite na 30 jednakih kvadrata, na svaki stavite komadić sira i pospite začinskim biljem. Spojite kutove i zavrnite da se zatvore, a zatim ponovno premažite otopljenim maslacem. Stavite na podmazan lim za pečenje (kolačiće) i pecite u prethodno zagrijanoj pećnici na 180°C/350°F/plinska oznaka 4 10 minuta dok ne postanu hrskavi i zlatnožuti.

Rolice od šunke i senfa

Čini 16

225 g/8 oz lisnatog tijesta

30 ml/2 žlice francuskog senfa

100 g/4 oz/1 šalica kuhane šunke, nasjeckane

Sol i svježe mljeveni crni papar

Razvaljajte tijesto (tijesto) na oko 5 mm/¼ debljine. Premažite senfom, zatim pospite šunkom i začinite solju i paprom. Zarolajte tijesto u dugačku kobasicu, zatim narežite na ploške od 1 cm/½ i rasporedite na navlaženu podlogu za pečenje (kolačiće). Pecite u prethodno zagrijanoj pećnici na 220°C/425°F/plinska oznaka 7 oko 10 minuta dok ne nabubre i ne porumene.

Keksi od šunke i paprike

Čini 30

225 g/8 oz/2 šalice glatkog (višenamjenskog) brašna

15 ml/1 žlica praška za pecivo

5 ml/1 žličica suhe majčine dušice

5 ml/1 žličica sitnog (superfinog) šećera

2,5 ml/½ žličice mljevenog đumbira

Prstohvat naribanog muškatnog oraščića

Prstohvat sode bikarbone (soda bikarbona)

Sol i svježe mljeveni crni papar

50 g/2 oz/¼ šalice biljne masti (smaj)

50 g/2 oz/½ šalice kuhane šunke, mljevene

30 ml/2 žlice sitno nasjeckane zelene (babure) paprike

175 ml/6 tečnih oz/¾ šalice mlaćenice

Pomiješajte brašno, prašak za pecivo, timijan, šećer, đumbir, muškatni oraščić, sodu bikarbonu, sol i papar. Utrljajte biljnu mast dok smjesa ne nalikuje krušnim mrvicama. Umiješajte šunku i papar. Postupno dodajte mlaćenicu i umijesite mekano tijesto. Mijesite nekoliko sekundi na lagano pobrašnjenoj površini dok ne postane glatko. Razvaljajte na 2 cm/¾ debljine i kalupom za biskvit (kolačiće) izrežite krugove. Stavite kekse, dobro razmaknute, na podmazan lim za pečenje (kolačiće) i pecite u prethodno zagrijanoj pećnici na 220°C/425°F/plinska oznaka 7 12 minuta dok ne napuhnu i porumene.

Jednostavni keksi s biljem

Čini 8

225 g/8 oz/2 šalice glatkog (višenamjenskog) brašna

15 ml/1 žlica praška za pecivo

5 ml/1 žličica sitnog (superfinog) šećera

2,5 ml/½ žličice soli

50 g/2 oz/¼ šalice maslaca ili margarina

15 ml/1 žlica narezanog svježeg vlasca

Prstohvat paprike

Svježe mljeveni crni papar

45 ml/3 žlice mlijeka

45 ml/3 žlice vode

Pomiješajte brašno, prašak za pecivo, šećer i sol. Utrljajte maslac ili margarin dok smjesa ne podsjeća na krušne mrvice. Pomiješajte vlasac, papriku i papar po ukusu. Umiješajte mlijeko i vodu i zamijesite mekano tijesto. Mijesite na lagano pobrašnjenoj površini dok ne bude glatko, zatim razvaljajte na 2 cm/¾ debljine i izrežite krugove kalupom za kekse. Stavite kekse (krekere), dobro razmaknute, na podmazan lim za pečenje (kolačiće) i pecite u prethodno zagrijanoj pećnici na 200°C/400°F/plinska oznaka 6 15 minuta dok ne napuhnu i porumene.

Indijski keksi

Služi 4

100 g/4 oz/1 šalica glatkog (višenamjenskog) brašna

100 g/4 oz/1 šalica griza (krema od pšenice)

175 g/6 oz/¾ šalice sitnog (superfinog) šećera

75 g/3 oz/¾ šalice grama brašna

175 g/6 oz/¾ šalice gheeja

Pomiješajte sve sastojke u zdjeli, pa ih dlanovima istrljajte u čvrsto tijesto. Možda će vam trebati malo više gheeja ako je smjesa presuha. Oblikujte male loptice i utisnite u oblike keksa (krekera). Stavite na podmazan i obložen lim za pečenje (kolačiće) i pecite u prethodno zagrijanoj pećnici na 150°C/300°F/plinska oznaka 2 30-40 minuta dok lagano ne porumene. Mogu se pojaviti sitne pukotine tijekom pečenja keksa.

Prhko pecivo s lješnjacima i lukom

Čini 12

75 g/3 oz/1/3 šalice maslaca ili margarina, omekšalog

175 g/6 oz/1½ šalice integralnog (cjelovitog) brašna

10 ml/2 žličice praška za pecivo

1 ljutika, sitno nasjeckana

50 g/2 oz/½ šalice nasjeckanih lješnjaka

10 ml/2 žličice paprike

15 ml/1 žlica hladne vode

Maslac ili margarin utrljajte u brašno i prašak za pecivo dok smjesa ne bude poput krušnih mrvica. Umiješajte ljutiku, lješnjake i papriku. Dodajte hladnu vodu i pritisnite zajedno da napravite tijesto. Razvaljajte i utisnite u 30 x 20 cm/12 x 8 in švicarski kalup za rolade (posuda za žele rolade) i sve izbockajte vilicom. Obilježiti u prste. Pecite u prethodno zagrijanoj pećnici na 200°C/400°F/plinska oznaka 6 10 minuta dok ne porumene.

Keksi od lososa i kopra

Čini 12

225 g/8 oz/2 šalice glatkog (višenamjenskog) brašna

5 ml/1 žličica sitnog (superfinog) šećera

2,5 ml/½ žličice soli

20 ml/4 žličice praška za pecivo

100 g/4 oz/½ šalice maslaca ili margarina, narezanog na kockice

90 ml/6 žlica vode

90 ml/6 žlica mlijeka

100 g/4 oz/1 šalica obrezaka dimljenog lososa, narezanog na kockice

60 ml/4 žlice nasjeckanog svježeg kopra (kopra)

Pomiješajte brašno, šećer, sol i prašak za pecivo, zatim utrljajte maslac ili margarin dok smjesa ne podsjeća na krušne mrvice. Postupno umiješajte mlijeko i vodu i zamijesite mekano tijesto. Umiješajte losos i kopar i miješajte dok ne postane glatko. Razvaljati na 2,5 cm/l debljine i rezati kalupom za biskvit (kolačiće) na krugove. Stavite kekse (krekere) dobro odvojene na podmazan lim za pečenje (kolačiće) i pecite u prethodno zagrijanoj pećnici na 220°C/425°F/plinska oznaka 7 15 minuta dok ne napuhnu i porumene.

Soda keksi

Čini 12

45 ml/3 žlice svinjske masti (smanjivac)

225 g/8 oz/2 šalice glatkog (višenamjenskog) brašna

5 ml/1 žličica sode bikarbone (soda bikarbona)

5 ml/1 žličica kreme od zubnog kamenca

Prstohvat soli

250 ml/8 tečnih oz/1 šalica mlaćenice

Svinjsku mast utrljajte u brašno, sodu bikarbonu, tartar i sol dok smjesa ne bude poput krušnih mrvica. Umiješajte mlijeko i zamijesite mekano tijesto. Razvaljajte na lagano pobrašnjenoj podlozi na 1 cm/½ debljine i izrežite kalupom za kekse. Stavite kekse (krekere) na podmazan lim za pečenje (kolačiće) i pecite u prethodno zagrijanoj pećnici na 230°C/450°F/plin oznaka 8 10 minuta dok ne porumene.

Vrtnjače od rajčice i parmezana

Čini 16

225 g/8 oz lisnatog tijesta

30 ml/2 žlice pirea od rajčice (pasta)

100 g/4 oz/1 šalica parmezana, naribanog

Sol i svježe mljeveni crni papar

Razvaljajte tijesto (tijesto) na oko 5 mm/¼ debljine. Premažite pireom od rajčice, zatim pospite sirom i začinite solju i paprom. Zarolajte tijesto u dugačku kobasicu, zatim narežite na ploške od 1 cm/½ i rasporedite na navlaženu podlogu za pečenje (kolačiće). Pecite u prethodno zagrijanoj pećnici na 220°C/425°F/plinska oznaka 7 oko 10 minuta dok ne nabubre i ne porumene.

Keksi od rajčice i začinskog bilja

Čini 12

225 g/8 oz/2 šalice glatkog (višenamjenskog) brašna

5 ml/1 žličica sitnog (superfinog) šećera

2,5 ml/½ žličice soli

40 ml/2½ žlice praška za pecivo

100 g/4 oz/½ šalice maslaca ili margarina

30 ml/2 žlice mlijeka

30 ml/2 žlice vode

4 zrele rajčice, oguljene, sjemenke i nasjeckane

45 ml/3 žlice nasjeckanog svježeg bosiljka

Pomiješajte brašno, šećer, sol i prašak za pecivo. Utrljajte maslac ili margarin dok smjesa ne podsjeća na krušne mrvice. Umiješajte mlijeko, vodu, rajčice i bosiljak i zamijesite mekano tijesto. Mijesite nekoliko sekundi na lagano pobrašnjenoj podlozi, zatim razvaljajte na 2,5 cm/l debljine i režite kalupom za biskvite (kolačiće). Stavite kekse dobro razmaknute na podmazan lim za pečenje (kolačiće) i pecite u prethodno zagrijanoj pećnici na 230°C/425°F/plinska oznaka 7 15 minuta dok ne napuhnu i porumene.

Osnovna bijela štruca

Napravi tri kruha od 450 g/1 lb

25 g/1 oz svježeg kvasca ili 40 ml/2½ žlice suhog kvasca

10 ml/2 žličice šećera

900 ml/1½ boda/3¾ šalice tople vode

25 g/1 oz/2 žlice svinjske masti (maslina)

1,5 kg/3 lb/12 šalica oštrog glatkog brašna (za kruh).

15 ml/1 žlica soli

Pomiješajte kvasac sa šećerom i malo tople vode i ostavite na toplom mjestu 20 minuta dok se ne zapjeni. Utrljajte svinjsku mast u brašno i sol, zatim umiješajte smjesu kvasca i dovoljno preostale vode da zamijesite čvrsto tijesto koje ostavlja čiste stijenke posude. Mijesite na lagano pobrašnjenoj površini ili u stroju dok ne postane elastično i ne bude više ljepljivo. Tijesto stavite u nauljenu zdjelu, prekrijte nauljenom prozirnom folijom (plastičnom folijom) i ostavite na toplom mjestu oko 1 sat dok se ne udvostruči i postane elastično na dodir.

Ponovno mijesite tijesto dok ne bude čvrsto, podijelite ga na tri dijela i stavite u podmazane kalupe za kruh (tepsije) od 450 g/1 lb ili oblikujte kruhove po izboru. Pokrijte i ostavite da se diže na toplom oko 40 minuta dok tijesto ne dosegne tik iznad vrha kalupa.

Pecite u prethodno zagrijanoj pećnici na 230°C/450°F/plinska oznaka 8 30 minuta dok se štruce ne počnu skupljati od stijenki kalupa i dok ne postanu zlatne i čvrste, a kada ih lupkate o podlogu zvuče šuplje.

Bagels

Čini 12

15 g/½ oz svježeg kvasca ili 20 ml/4 žličice suhog kvasca

5 ml/1 žličica sitnog (superfinog) šećera

300 ml/½ pt/1¼ šalice toplog mlijeka

50 g/2 oz/¼ šalice maslaca ili margarina

450 g/1 lb/4 šalice oštrog glatkog brašna (za kruh).

Prstohvat soli

1 žumanjak

30 ml/2 žlice maka

Pomiješajte kvasac sa šećerom i malo toplog mlijeka i ostavite na toplom 20 minuta dok se ne zapjeni. Maslac ili margarin utrljajte u brašno i sol i napravite udubinu u sredini. Dodajte smjesu s kvascem, preostalo toplo mlijeko i žumanjak te zamijesite glatko tijesto. Mijesite dok tijesto ne postane elastično i ne bude više ljepljivo. Stavite u nauljenu zdjelu, prekrijte nauljenom prozirnom folijom (plastičnom folijom) i ostavite na toplom mjestu oko 1 sat dok se ne udvostruči.

Tijesto lagano premijesite, pa ga izrežite na 12 dijelova. Svaku razvaljajte u dugačku traku oko 15 cm/6 in uvijte u prsten. Stavite u podmazan lim za pečenje (kolačiće), poklopite i ostavite da se diže 15 minuta.

Zakuhajte veliku posudu s vodom, a zatim smanjite vatru da lagano kuha. Bacite kolut u kipuću vodu i kuhajte 3 minute, jednom okrećući, zatim izvadite i stavite na lim za pečenje (kolačiće). Nastavite s preostalim pecivima. Bagele pospite makom i pecite u prethodno zagrijanoj pećnici na 230°C/450°F/plin oznaka 8 20 minuta dok ne porumene.

Baps

Čini 12

25 g/1 oz svježeg kvasca ili 40 ml/2½ žlice suhog kvasca

5 ml/1 žličica sitnog (superfinog) šećera

150 ml/¼ pt/2/3 šalice toplog mlijeka

50 g/2 oz/¼ šalice svinjske masti (maslina)

450 g/1 lb/4 šalice oštrog glatkog brašna (za kruh).

5 ml/1 žličica soli

150 ml/¼ pt/2/3 šalice tople vode

Pomiješajte kvasac sa šećerom i malo toplog mlijeka i ostavite na toplom 20 minuta dok se ne zapjeni. Utrljajte mast u brašno, zatim posolite i napravite udubinu u sredini. Dodajte smjesu s kvascem, preostalo mlijeko i vodu i zamijesite mekano tijesto. Mijesite dok ne postane elastično i ne bude više ljepljivo. Stavite u nauljenu zdjelu i prekrijte nauljenom prozirnom folijom (plastičnom folijom). Ostavite na toplom mjestu oko 1 sat dok se ne udvostruči.

Tijesto oblikujte u 12 pljosnatih valjušaka i složite u podmazan lim za pečenje (kolačiće). Ostavite da se diže 15 minuta.

Pecite u prethodno zagrijanoj pećnici na 230°C/450°F/plinska oznaka 8 15-20 minuta dok dobro ne naraste i ne poprimi zlatnu boju.

Kremasta ječmena štruca

Za jednu štrucu od 900 g/2 lb

15 g/½ oz svježeg kvasca ili 20 ml/4 žličice suhog kvasca

Prstohvat šećera

350 ml/12 tečnih oz/1½ šalice tople vode

400 g/14 oz/3½ šalice oštrog glatkog brašna (za kruh).

175 g/6 oz/1½ šalice ječmenog brašna

Prstohvat soli

45 ml/3 žlice jednostruke (lagane) kreme

Pomiješajte kvasac sa šećerom i malo tople vode i ostavite na toplom mjestu 20 minuta dok se ne zapjeni. U posudi pomiješajte brašno i sol, dodajte smjesu s kvascem, vrhnje i preostalu vodu te zamijesite čvrsto tijesto. Mijesite dok ne bude glatko i više ne bude ljepljivo. Stavite u nauljenu zdjelu, prekrijte nauljenom prozirnom folijom (plastičnom folijom) i ostavite na toplom mjestu oko 1 sat dok se ne udvostruči.

Ponovno lagano premijesite, zatim oblikujte u namašćeni kalup za kruh (tepsiju) od 900 g/2 lb, pokrijte i ostavite na toplom mjestu 40 minuta dok se tijesto ne digne iznad vrha kalupa.

Pecite u prethodno zagrijanoj pećnici na 220°C/425°F/plinska oznaka 7 10 minuta, zatim smanjite temperaturu pećnice na 190°C/375°F/plinska oznaka 5 i pecite još 25 minuta dok ne porumene i ne budu šuplje -zvuči pri lupkanju po bazi.

Pivski kruh

Za jednu štrucu od 900 g/2 lb

450 g/1 lb/4 šalice samodizajućeg (samodizajućeg) brašna

5 ml/1 žličica soli

350 ml/12 tečnih oz/1½ šalice lagera

Pomiješajte sastojke u glatko tijesto. Oblikujte u namašćeni kalup za kruh (tepsiju) od 900 g/2 lb, pokrijte i ostavite da se diže na toplom mjestu 20 minuta. Pecite u prethodno zagrijanoj pećnici na 190°C/375°F/plinska oznaka 5 45 minuta dok ne poprime zlatnosmeđu boju i ne zvuči šuplje kada se lupka po podlozi.

Bostonski smeđi kruh

Napravi tri kruha od 450 g/1 lb

100 g/4 oz/1 šalica raženog brašna

100 g/4 oz/1 šalica kukuruznog brašna

100 g/4 oz/1 šalica integralnog (cjelovitog) brašna

5 ml/1 žličica sode bikarbone (soda bikarbona)

5 ml/1 žličica soli

250 g/9 oz/¾ šalice crnog melase (melase)

500 ml/16 tečnih oz/2 šalice mlaćenice

175 g/6 oz/1 šalica grožđica

Pomiješajte suhe sastojke, zatim umiješajte melasu, mlaćenicu i grožđice te zamijesite mekano tijesto. Žlicom rasporedite smjesu u tri podmazane posude za puding od 450 g/1 lb, prekrijte masnim (voštanim) papirom i folijom te zavežite uzicom da zatvorite vrhove. Stavite u veliku tavu i napunite dovoljno vruće vode da dostigne polovicu stijenki zdjele. Zakuhajte vodu, pokrijte posudu i kuhajte na laganoj vatri 2,5 sata, po potrebi dolijevajući kipuću vodu. Posude izvaditi iz kalupa i ostaviti da se malo ohlade. Poslužite toplo s maslacem.

Bran Saksije za cvijeće

Čini 3

25 g/1 oz svježeg kvasca ili 40 ml/2½ žlice suhog kvasca

5 ml/1 žličica šećera

600 ml/1 pt/2½ šalice mlake vode

675 g/1½ lb/6 šalica integralnog (cjelovitog) brašna

25 g/1 oz/¼ šalice sojinog brašna

5 ml/1 žličica soli

50 g/2 oz/1 šalica mekinja

Mlijeko za glazuru

45 ml/3 žlice mljevene pšenice

Trebat će vam tri čiste, nove glinene posude za cvijeće 13 cm/5. Dobro ih namažite i pecite u vrućoj pećnici 30 minuta da ne popucaju.

Pomiješajte kvasac sa šećerom i malo tople vode i ostavite da odstoji dok se ne zapjeni. Pomiješajte brašno, sol i mekinje i napravite udubinu u sredini. Umiješajte toplu vodu i mješavinu kvasca i zamijesite čvrsto tijesto. Prebacite na pobrašnjenu površinu i mijesite oko 10 minuta dok ne bude glatko i elastično. Alternativno, to možete učiniti u procesoru hrane. Stavite tijesto u čistu zdjelu, prekrijte nauljenom prozirnom folijom (plastičnom folijom) i ostavite na toplom mjestu da se diže oko 1 sat dok se ne udvostruči.

Prebacite na pobrašnjenu površinu i ponovno mijesite 10 minuta. Oblikujte tri podmazane posude za cvijeće, poklopite i ostavite da se diže 45 minuta dok se tijesto ne digne iznad vrha posude.

Premažite tijesto mlijekom i pospite mljevenom pšenicom. Pecite u prethodno zagrijanoj pećnici na 230°C/450°F/plinska oznaka 8 15 minuta. Smanjite temperaturu pećnice na 200°C/400°F/plinska oznaka 6 i pecite još 30 minuta dok se dobro ne digne i ne stegne. Iskrenuti i ostaviti da se ohladi.

Rolice s maslacem

Čini 12

450 g/1 lb Osnovno tijesto za bijeli kruh

100 g/4 oz/½ šalice maslaca ili margarina, narezanog na kockice

Napravite tijesto za kruh i ostavite ga da se diže dok se ne udvostruči i postane elastično na dodir.

Ponovno premijesite tijesto i izradite maslac ili margarin. Oblikujte 12 kiflica i dobro ih razdvojite na podmazan lim za pečenje (kolačiće). Pokrijte nauljenom prozirnom folijom (plastičnom folijom) i ostavite da se diže na toplom mjestu oko 1 sat dok se ne udvostruči.

Pecite u prethodno zagrijanoj pećnici na 230°C/450°F/plinska oznaka 8 20 minuta dok ne poprime zlatnosmeđu boju i ne zvuči šuplje kada se lupka po podlozi.

Štruca s mlaćenicom

Za jednu štrucu od 675 g/1½ lb

450 g/1 lb/4 šalice glatkog (višenamjenskog) brašna

5 ml/1 žličica kreme od zubnog kamenca

5 ml/1 žličica sode bikarbone (soda bikarbona)

250 ml/8 tečnih oz/1 šalica mlaćenice

Pomiješajte brašno, tartar i sodu bikarbonu u posudi i napravite udubinu u sredini. Umiješajte dovoljno mlaćenice da dobijete mekano tijesto. Oblikujte okrugli i stavite na podmazan lim za pečenje (kolačiće). Pecite u prethodno zagrijanoj pećnici na 220°C/425°F/plinska oznaka 7 20 minuta dok dobro ne naraste i ne porumeni.

Kanadski kukuruzni kruh

Čini jednu štrucu od 23 cm/9

150 g/5 oz/1¼ šalice glatkog (višenamjenskog) brašna

75 g/3 oz/¾ šalice kukuruznog brašna

15 ml/1 žlica praška za pecivo

2,5 ml/½ žličice soli

100 g/4 oz/1/3 šalice javorovog sirupa

100 g/4 oz/½ šalice svinjske masti (skraćivanje), otopljene

2 jaja, istučena

Pomiješajte suhe sastojke, zatim umiješajte sirup, mast i jaja te miješajte dok se dobro ne sjedine. Žlicom stavljajte u podmazan kalup za pečenje (tepsiju) veličine 23 cm/9 i pecite u prethodno zagrijanoj pećnici na 220°C/425°F/ plinska oznaka 7 25 minuta dok se dobro ne digne i ne porumeni i počne se skupljati sa strane od kositra.

Cornish Rolls

Čini 12

25 g/1 oz svježeg kvasca ili 40 ml/2½ žlice suhog kvasca

15 ml/1 žlica sitnog (superfinog) šećera

300 ml/½ pt/1¼ šalice toplog mlijeka

50 g/2 oz/¼ šalice maslaca ili margarina

450 g/1 lb/4 šalice oštrog glatkog brašna (za kruh).

Prstohvat soli

Pomiješajte kvasac sa šećerom i malo toplog mlijeka i ostavite na toplom 20 minuta dok se ne zapjeni. Maslac ili margarin utrljajte u brašno i sol i napravite udubinu u sredini. Dodajte smjesu s kvascem i preostalo mlijeko i zamijesite mekano tijesto. Mijesite dok ne postane elastično i ne bude više ljepljivo. Stavite u nauljenu zdjelu i prekrijte nauljenom prozirnom folijom (plastičnom folijom). Ostavite na toplom mjestu oko 1 sat dok se ne udvostruči.

Tijesto oblikujte u 12 pljosnatih valjušaka i složite u podmazan lim za pečenje (kolačiće). Prekriti nauljenom prozirnom folijom i ostaviti da se diže 15 minuta.

Pecite u prethodno zagrijanoj pećnici na 230°C/450°F/plinska oznaka 8 15-20 minuta dok dobro ne naraste i ne poprimi zlatnu boju.

Seoski somun

Pravi šest malih kruhova

10 ml/2 žličice suhog kvasca

15 ml/1 žlica bistrog meda

120 ml/4 fl oz/½ šalice tople vode

350 g/12 oz/3 šalice oštrog glatkog brašna (za kruh).

5 ml/1 žličica soli

50 g/2 oz/¼ šalice maslaca ili margarina

5 ml/1 žličica sjemenki kima

5 ml/1 žličica mljevenog korijandera

5 ml/1 žličica mljevenog kardamoma

120 ml/4 fl oz/½ šalice toplog mlijeka

60 ml/4 žlice sjemenki sezama

Pomiješajte kvasac i med s 45 ml/3 žlice tople vode i 15 ml/1 žličicom brašna i ostavite oko 20 minuta na toplom mjestu dok se ne zapjeni. Preostalo brašno pomiješajte sa solju, zatim utrljajte maslac ili margarin i umiješajte sjemenke kima, korijandar i kardamom te u sredini napravite udubinu. Umiješajte smjesu kvasca, preostalu vodu i dovoljno mlijeka da dobijete glatko tijesto. Dobro mijesite dok ne postane čvrsto i ne bude više ljepljivo. Stavite u nauljenu zdjelu, prekrijte nauljenom prozirnom folijom (plastičnom folijom) i ostavite na toplom mjestu oko 30 minuta dok se ne udvostruči.

Ponovo premijesite tijesto, pa oblikujte pogačice. Stavite na podmazan lim za pečenje (kolačiće) i namažite mlijekom. Pospite sezamom. Prekriti nauljenom prozirnom folijom i ostaviti da se diže 15 minuta.

Pecite u prethodno zagrijanoj pećnici na 200°C/400°F/plinska oznaka 6 30 minuta dok ne porumene.

Seoska pletenica od maka

Za jednu štrucu od 450 g/1 lb

275 g/10 oz/2½ šalice glatkog (višenamjenskog) brašna

25 g/1 oz/2 žlice sitnog (superfinog) šećera

5 ml/1 žličica soli

10 ml/2 žličice suhog kvasca za jednostavno miješanje

175 ml/6 tečnih oz/¾ šalice mlijeka

25 g/1 oz/2 žlice maslaca ili margarina

1 jaje

Malo mlijeka ili bjelanjka za glazuru

30 ml/2 žlice maka

Pomiješajte brašno, šećer, sol i kvasac. Zagrijte mlijeko s maslacem ili margarinom, pa umiješajte u brašno s jajetom i zamijesite čvrsto tijesto. Mijesite dok ne postane elastično i ne bude više ljepljivo. Stavite u nauljenu zdjelu, prekrijte nauljenom prozirnom folijom (plastičnom folijom) i ostavite na toplom mjestu oko 1 sat dok se ne udvostruči.

Ponovo premijesite i oblikujte tri oblika kobasice duge oko 20 cm. Navlažite jedan kraj svake trake i pritisnite ih zajedno, zatim ispletite trake zajedno, navlažite i zalijepite krajeve. Stavite na podmazan lim za pečenje (kolačiće), prekrijte nauljenom prozirnom folijom i ostavite da se diže oko 40 minuta dok se ne udvostruči.

Premažite mlijekom ili bjelanjkom i pospite makom. Pecite u prethodno zagrijanoj pećnici na 190°C/375°F/plinska oznaka 5 oko 45 minuta dok ne porumene.

Seoski integralni kruh

Napravi dvije štruce od 450 g/1 lb

20 ml/4 žličice suhog kvasca

5 ml/1 žličica sitnog (superfinog) šećera

600 ml/1 pt/2½ šalice tople vode

25 g/1 oz/2 žlice biljne masti (smaj)

800 g/1¾ lb/7 šalica integralnog (cjelovitog) brašna

10 ml/2 žličice soli

10 ml/2 žličice ekstrakta slada

1 jaje, tučeno

25 g/1 oz/¼ šalice mljevene pšenice

Pomiješajte kvasac sa šećerom i malo tople vode i ostavite oko 20 minuta dok se ne zapjeni. Utrljajte mast u brašno, sol i sladni ekstrakt i napravite udubinu u sredini. Umiješajte smjesu kvasca i preostalu toplu vodu i zamijesite mekano tijesto. Dobro mijesite dok ne postane elastično i ne bude više ljepljivo. Stavite u nauljenu zdjelu, prekrijte nauljenom prozirnom folijom (plastičnom folijom) i ostavite na toplom mjestu oko 1 sat dok se ne udvostruči.

Ponovno premijesite tijesto i oblikujte ga u dva namašćena kalupa za kruh (tepsije) od 450 g/1 lb. Ostavite da se diže na toplom mjestu oko 40 minuta dok se tijesto ne digne malo iznad vrhova kalupa.

Vrhove štruca obilno premažite jajetom i pospite mljevenom pšenicom. Pecite u prethodno zagrijanoj pećnici na 230°C/450°F/plinska oznaka 8 oko 30 minuta dok ne poprime zlatnosmeđu boju i ne zvuči šuplje kada se lupka po podlozi.

Curry pletenice

Napravi dvije štruce od 450 g/1 lb

120 ml/4 fl oz/½ šalice tople vode

30 ml/2 žlice suhog kvasca

225 g/8 oz/2/3 šalice bistrog meda

25 g/1 oz/2 žlice maslaca ili margarina

30 ml/2 žlice curry praha

675 g/1½ lb/6 šalica glatkog (višenamjenskog) brašna

10 ml/2 žličice soli

450 ml/¾ pt/2 šalice mlaćenice

1 jaje

10 ml/2 žličice vode

45 ml/3 žlice narezanih badema

Pomiješajte vodu s kvascem i 5 ml/1 žličicu meda i ostavite stajati 20 minuta dok se ne zapjeni. Rastopite maslac ili margarin pa umiješajte curry i kuhajte na laganoj vatri 1 minutu. Umiješajte preostali med i maknite s vatre. Stavite pola brašna i sol u zdjelu i napravite udubinu u sredini. Dodajte smjesu kvasca, smjesu meda i mlaćenicu i postupno dodajte preostalo brašno dok mijesite mekano tijesto. Mijesite dok ne postane glatko i elastično. Stavite u nauljenu zdjelu, prekrijte nauljenom prozirnom folijom i ostavite na toplom mjestu oko 1 sat dok se ne udvostruči.

Ponovno premijesite i podijelite tijesto na pola. Svaki dio prerežite na tri dijela i razvaljajte na 20 cm/8 u obliku kobasice. Navlažite jedan kraj svake trake i pritisnite zajedno u dvije serije od po tri kako biste ih zatvorili. Ispletite dva seta traka i zalijepite krajeve. Stavite na podmazan lim za pečenje (kolačiće), prekrijte nauljenom prozirnom folijom (plastičnom folijom) i ostavite da se diže oko 40 minuta dok se ne udvostruči.

Umutiti jaje s vodom i premazati pogače, pa posuti bademima. Pecite u prethodno zagrijanoj pećnici na 190°C/375°F/plinska oznaka 5 40 minuta dok ne poprime zlatnosmeđu boju i ne zazvuče šuplje kada se lupka po podlozi.

Devon Splits

Čini 12

25 g/1 oz svježeg kvasca ili 40 ml/2½ žlice suhog kvasca

5 ml/1 žličica sitnog (superfinog) šećera

150 ml/¼ pt/2/3 šalice toplog mlijeka

50 g/2 oz/¼ šalice maslaca ili margarina

450 g/1 lb/4 šalice oštrog glatkog brašna (za kruh).

150 ml/¼ pt/2/3 šalice tople vode

Pomiješajte kvasac sa šećerom i malo toplog mlijeka i ostavite na toplom 20 minuta dok se ne zapjeni. Maslac ili margarin utrljajte u brašno i napravite udubinu u sredini. Dodajte smjesu s kvascem, preostalo mlijeko i vodu i zamijesite mekano tijesto. Mijesite dok ne postane elastično i ne bude više ljepljivo. Stavite u nauljenu zdjelu i prekrijte nauljenom prozirnom folijom (plastičnom folijom). Ostavite na toplom mjestu oko 1 sat dok se ne udvostruči.

Tijesto oblikujte u 12 pljosnatih valjušaka i složite u podmazan lim za pečenje (kolačiće). Ostavite da se diže 15 minuta.

Pecite u prethodno zagrijanoj pećnici na 230°C/450°F/plinska oznaka 8 15-20 minuta dok dobro ne naraste i ne porumene.

Kruh s plodovima pšeničnih klica

Za jednu štrucu od 900 g/2 lb

225 g/8 oz/2 šalice glatkog (višenamjenskog) brašna

5 ml/1 žličica soli

5 ml/1 žličica sode bikarbone (soda bikarbona)

5 ml/1 žličica praška za pecivo

175 g/6 oz/1½ šalice pšeničnih klica

100 g/4 oz/1 šalica kukuruznog brašna

100 g/4 oz/1 šalica valjane zobi

350 g/12 oz/2 šalice sultana (zlatne grožđice)

1 jaje, lagano tučeno

250 ml/8 tečnih oz/1 šalica običnog jogurta

150 ml/¼ pt/2/3 šalice crnog melase (melase)

60 ml/4 žlice zlatnog (svijetlog kukuruznog) sirupa

30 ml/2 žlice ulja

Pomiješajte suhe sastojke i sultanije i napravite udubljenje u sredini. Pomiješajte jaje, jogurt, melasu, sirup i ulje pa umiješajte suhe sastojke i zamijesite mekano tijesto. Oblikujte u namašćeni kalup za kruh (tepsiju) od 900 g/2 lb i pecite u prethodno zagrijanoj pećnici na 180°C/350°F/plinska oznaka 4 1 sat dok ne postane čvrst na dodir. Ostavite da se ohladi u limu 10 minuta prije nego što ga okrenete na rešetku da se dovrši hlađenje.

Voćne mliječne pletenice

Napravi dvije štruce od 450 g/1 lb

15 g/½ oz svježeg kvasca ili 20 ml/4 žličice suhog kvasca

5 ml/1 žličica sitnog (superfinog) šećera

450 ml/¾ pt/2 šalice toplog mlijeka

50 g/2 oz/¼ šalice maslaca ili margarina

675 g/1½ lb/6 šalica glatkog (višenamjenskog) brašna

Prstohvat soli

100 g/4 oz/2/3 šalice grožđica

25 g/1 oz/3 žlice ribiza

25 g/1 oz/3 žlice nasjeckane miješane (kandirane) kore

Mlijeko za glaziranje

Pomiješajte kvasac sa šećerom i malo toplog mlijeka. Ostavite da stoji na toplom oko 20 minuta dok se ne zapjeni. Maslac ili margarin utrljajte u brašno i sol, umiješajte grožđice, ribizle i izmiješane kore te u sredini napravite udubinu. Umiješajte preostalo toplo mlijeko i smjesu od kvasca te zamijesite mekano ali neljepljivo tijesto. Stavite u nauljenu zdjelu i prekrijte nauljenom prozirnom folijom (plastičnom folijom). Ostavite na toplom mjestu oko 1 sat dok se ne udvostruči.

Ponovno lagano premijesiti, pa podijeliti na pola. Svaku polovicu podijelite na tri dijela i razvaljajte u oblike kobasica. Svaku roladu navlažite po jedan kraj i tri nježno stisnite, zatim ispletite tijesto, navlažite i spojite krajeve. Ponovite s drugom pletenicom tijesta. Stavite na podmazan lim za pečenje (kolačiće), prekrijte nauljenom prozirnom folijom i ostavite da se diže oko 15 minuta.

Premažite s malo mlijeka, zatim pecite u prethodno zagrijanoj pećnici na 200°C/400°F/plinska oznaka 6 30 minuta dok ne poprime zlatnosmeđu boju i ne postanu šupljikavi kada se tapka po podlozi.

Žitni kruh

Napravi dvije štruce od 900 g/2 lb

25 g/1 oz svježeg kvasca ili 40 ml/2½ žlice suhog kvasca

5 ml/1 žličica meda

450 ml/¾ pt/2 šalice tople vode

350 g/12 oz/3 šalice žitnog brašna

350 g/12 oz/3 šalice integralnog (cjelovitog) brašna

15 ml/1 žlica soli

15 g/½ oz/1 žlica maslaca ili margarina

Pomiješajte kvasac s medom i malo tople vode i ostavite na toplom mjestu oko 20 minuta dok se ne zapjeni. Pomiješajte brašno i sol pa utrljajte maslac ili margarin. Umiješajte smjesu kvasca i dovoljno tople vode da dobijete glatko tijesto. Mijesite na lagano pobrašnjenoj površini dok ne postane glatko i ne bude više ljepljivo. Stavite u nauljenu zdjelu, prekrijte nauljenom prozirnom folijom (plastičnom folijom) i ostavite na toplom mjestu oko 1 sat dok se ne udvostruči.

Ponovo premijesite i oblikujte u dva namašćena kalupa za kruh (tepsije) od 900 g/2 lb. Pokrijte nauljenom prozirnom folijom i ostavite da se diže dok tijesto ne dođe do vrha kalupa.

Pecite u prethodno zagrijanoj pećnici na 220°C/425°F/plinska oznaka 7 25 minuta dok ne poprime zlatnosmeđu boju i ne zvuči šuplje kada se lupka po podlozi.

Žitnica Rolls

Čini 12

15 g/½ oz svježeg kvasca ili 20 ml/2½ žlice suhog kvasca

5 ml/1 žličica sitnog (superfinog) šećera

300 ml/½ pt/1¼ šalice tople vode

450 g/1 lb/4 šalice žitnog brašna

5 ml/1 žličica soli

5 ml/1 žlica sladnog ekstrakta

30 ml/2 žlice mljevene pšenice

Pomiješajte kvasac sa šećerom i malo tople vode i ostavite na toplom mjestu dok se ne zapjeni. Pomiješajte brašno i sol, zatim umiješajte smjesu kvasca, preostalu toplu vodu i sladni ekstrakt. Mijesite na lagano pobrašnjenoj površini dok ne bude glatko i elastično. Stavite u nauljenu zdjelu, prekrijte nauljenom prozirnom folijom (plastičnom folijom) i ostavite na toplom mjestu oko 1 sat dok se ne udvostruči.

Lagano premijesiti pa oblikovati valjuške i stavljati na podmazan lim za pečenje (kolačiće). Premažite vodom i pospite zrnom pšenice. Pokrijte nauljenom prozirnom folijom i ostavite na toplom mjestu oko 40 minuta dok se ne udvostruči.

Pecite u prethodno zagrijanoj pećnici na 220°C/425°F/plinska oznaka 7 10-15 minuta dok ne zvuči šuplje kada se udari o podlogu.

Žitni kruh s lješnjacima

Za jednu štrucu od 900 g/2 lb

15 g/½ oz svježeg kvasca ili 20 ml/4 žličice suhog kvasca

5 ml/1 žličica mekog smeđeg šećera

450 ml/¾ pt/2 šalice tople vode

450 g/1 lb/4 šalice žitnog brašna

175 g/6 oz/1½ šalice oštrog glatkog brašna (za kruh).

5 ml/1 žličica soli

15 ml/1 žlica maslinovog ulja

100 g/4 oz/1 šalica lješnjaka, grubo nasjeckanih

Pomiješajte kvasac sa šećerom i malo tople vode i ostavite na toplom mjestu 20 minuta dok se ne zapjeni. U zdjeli pomiješajte brašno i sol, dodajte smjesu od kvasca, ulje i preostalu toplu vodu te zamijesite čvrsto tijesto. Mijesite dok ne bude glatko i više ne bude ljepljivo. Stavite u nauljenu zdjelu, prekrijte nauljenom prozirnom folijom (plastičnom folijom) i ostavite na toplom mjestu oko 1 sat dok se ne udvostruči.

Ponovno lagano premijesite i dodajte orahe, zatim oblikujte u namašćeni kalup za kruh (tepsiju) od 900 g/2 lb, prekrijte nauljenom prozirnom folijom i ostavite na toplom mjestu 30 minuta dok se tijesto ne digne iznad vrha kalupa.

Pecite u prethodno zagrijanoj pećnici na 220°C/425°F/plinska oznaka 7 30 minuta dok ne poprime zlatnosmeđu boju i ne zvuči šuplje kada se lupka po podlozi.

Grisini

Čini 12

25 g/1 oz svježeg kvasca ili 40 ml/2½ žlice suhog kvasca

15 ml/1 žlica sitnog (superfinog) šećera

120 ml/4 fl oz/½ šalice toplog mlijeka

25 g/1 oz/2 žlice maslaca ili margarina

450 g/1 lb/4 šalice oštrog glatkog brašna (za kruh).

10 ml/2 žličice soli

Pomiješajte kvasac s 5 ml/1 žličicom šećera i malo toplog mlijeka i ostavite na toplom mjestu 20 minuta dok ne postane pjenasto. U preostalom toplom mlijeku otopite maslac i preostali šećer. Stavite brašno i sol u zdjelu i napravite udubinu u sredini. Ulijte smjesu kvasca i mlijeka i sjedinite da dobijete vlažno tijesto. Mijesiti dok ne postane glatko. Stavite u nauljenu zdjelu, prekrijte nauljenom prozirnom folijom (plastičnom folijom) i ostavite na toplom mjestu oko 1 sat dok se ne udvostruči.

Lagano premijesite, zatim podijelite na 12 i razvaljajte na dugačke, tanke štapiće i stavite, dobro razmaknute, na podmazan lim za pečenje (kolačiće). Prekriti nauljenom prozirnom folijom i ostaviti da se diže na toplom 20 minuta.

Premažite štapiće kruha vodom, zatim pecite u prethodno zagrijanoj pećnici na 220°C/425°F/plinska oznaka 7 10 minuta, zatim smanjite temperaturu pećnice na 180°C/350°F/plinska oznaka 4 i pecite još jedno vrijeme. još 20 minuta dok ne postane hrskav.

Žetvena pletenica

Za jednu štrucu od 550 g/1¼ lb

25 g/1 oz svježeg kvasca ili 40 ml/2½ žlice suhog kvasca

25 g/1 oz/2 žlice sitnog (superfinog) šećera

150 ml/¼ pt/2/3 šalice toplog mlijeka

50 g/2 oz/¼ šalice maslaca ili margarina, otopljenog

1 jaje, tučeno

450 g/1 lb/4 šalice glatkog (višenamjenskog) brašna

Prstohvat soli

30 ml/2 žlice ribiza

2,5 ml/½ žličice mljevenog cimeta

5 ml/1 žličica naribane limunove korice

Mlijeko za glaziranje

Pomiješajte kvasac s 2,5 ml/½ žličice šećera i malo toplog mlijeka i ostavite na toplom mjestu oko 20 minuta dok ne postane pjenasto. Preostalo mlijeko pomiješajte s maslacem ili margarinom i ostavite da se malo ohladi. Umiješajte jaje. Preostale sastojke stavite u zdjelu i napravite udubljenje u sredini. Umiješajte mlijeko i smjesu kvasca i zamijesite mekano tijesto. Mijesite dok ne postane elastično i ne bude više ljepljivo. Stavite u nauljenu zdjelu i prekrijte nauljenom prozirnom folijom (plastičnom folijom). Ostavite na toplom mjestu oko 1 sat dok se ne udvostruči.

Tijesto podijeliti na tri dijela i razvaljati u trake. Navlažite jedan kraj svake trake i zalijepite krajeve zajedno, zatim ih spojite zajedno, a ostale krajeve navlažite i pričvrstite. Stavite u podmazan lim za pečenje (kolačiće), prekrijte nauljenom prozirnom folijom i ostavite na toplom mjestu 15 minuta.

Premažite s malo mlijeka i pecite u prethodno zagrijanoj pećnici na 220°C/425°F/plinska oznaka 7 15-20 minuta dok ne poprime zlatnosmeđu boju i ne budu šupljikavi kada se tapka po podlozi.

Mliječni kruh

Napravi dvije štruce od 450 g/1 lb

15 g/½ oz svježeg kvasca ili 20 ml/4 žličice suhog kvasca

5 ml/1 žličica sitnog (superfinog) šećera

450 ml/¾ pt/2 šalice toplog mlijeka

50 g/2 oz/¼ šalice maslaca ili margarina

675 g/1½ lb/6 šalica glatkog (višenamjenskog) brašna

Prstohvat soli

Mlijeko za glaziranje

Pomiješajte kvasac sa šećerom i malo toplog mlijeka. Ostavite da stoji na toplom oko 20 minuta dok se ne zapjeni. Maslac ili margarin utrljajte u brašno i sol i napravite udubinu u sredini. Umiješajte preostalo toplo mlijeko i smjesu od kvasca te zamijesite mekano ali neljepljivo tijesto. Stavite u nauljenu zdjelu i prekrijte nauljenom prozirnom folijom (plastičnom folijom). Ostavite na toplom mjestu oko 1 sat dok se ne udvostruči.

Ponovno lagano premijesite, zatim podijelite smjesu u dva podmazana kalupa za kruh (tepsije) od 450 g/1 lb, prekrijte nauljenim prozirnim filmom i ostavite da se diže oko 15 minuta dok tijesto ne bude malo iznad vrhova kalupa.

Premažite s malo mlijeka, zatim pecite u prethodno zagrijanoj pećnici na 200°C/400°F/plinska oznaka 6 30 minuta dok ne poprime zlatnosmeđu boju i ne postanu šupljikavi kada se tapka po podlozi.

Voćna štruca s mlijekom

Napravi dvije štruce od 450 g/1 lb

15 g/½ oz svježeg kvasca ili 20 ml/4 žličice suhog kvasca

5 ml/1 žličica sitnog (superfinog) šećera

450 ml/¾ pt/2 šalice toplog mlijeka

50 g/2 oz/¼ šalice maslaca ili margarina

675 g/1½ lb/6 šalica glatkog (višenamjenskog) brašna

Prstohvat soli

100 g/4 oz/2/3 šalice grožđica

Mlijeko za glaziranje

Pomiješajte kvasac sa šećerom i malo toplog mlijeka. Ostavite da stoji na toplom oko 20 minuta dok se ne zapjeni. Maslac ili margarin utrljajte u brašno i sol, umiješajte grožđice i napravite udubinu u sredini. Umiješajte preostalo toplo mlijeko i smjesu od kvasca te zamijesite mekano ali neljepljivo tijesto. Stavite u nauljenu zdjelu i prekrijte nauljenom prozirnom folijom (plastičnom folijom). Ostavite na toplom mjestu oko 1 sat dok se ne udvostruči.

Ponovno lagano premijesite, zatim podijelite smjesu u dva podmazana kalupa za kruh (tepsije) od 450 g/1 lb, prekrijte nauljenim prozirnim filmom i ostavite da se diže oko 15 minuta dok tijesto ne bude malo iznad vrhova kalupa.

Premažite s malo mlijeka, zatim pecite u prethodno zagrijanoj pećnici na 200°C/400°F/plinska oznaka 6 30 minuta dok ne poprime zlatnosmeđu boju i ne postanu šupljikavi kada se tapka po podlozi.

Morning Glory kruh

Napravi dvije štruce od 450 g/1 lb

100 g/4 oz/1 šalica cjelovitog zrna pšenice

15 ml/1 žlica sladnog ekstrakta

450 ml/¾ pt/2 šalice tople vode

25 g/1 oz svježeg kvasca ili 40 ml/2½ žlice suhog kvasca

30 ml/2 žlice bistrog meda

25 g/1 oz/2 žlice biljne masti (smaj)

675 g/1½ lb/6 šalica integralnog (cjelovitog) brašna

25 g/1 oz/¼ šalice mlijeka u prahu (suho mlijeko bez masti)

5 ml/1 žličica soli

Namočite cjelovita zrna pšenice i ekstrakt slada u toploj vodi preko noći.

Pomiješajte kvasac s još malo tople vode i 5 ml/1 žličicu meda. Ostavite na toplom mjestu oko 20 minuta dok se ne zapjeni. Utrljajte mast u brašno, mlijeko u prahu i sol i napravite udubinu u sredini. Umiješajte smjesu kvasca, preostali med i smjesu pšenice i zamijesite tijesto. Dobro mijesite dok ne bude glatko i više ne bude ljepljivo. Stavite u nauljenu zdjelu, prekrijte nauljenom prozirnom folijom (plastičnom folijom) i ostavite na toplom mjestu oko 1 sat dok se ne udvostruči.

Ponovno premijesite tijesto, zatim ga oblikujte u dva namašćena kalupa za kruh (tepsije) od 450 g/1 lb. Pokrijte nauljenom prozirnom folijom i ostavite na toplom mjestu 40 minuta dok tijesto ne dosegne tik iznad vrhova kalupa.

Pecite u prethodno zagrijanoj pećnici na 200°C/425°F/plinska oznaka 7 oko 25 minuta dok se dobro ne digne i ne zvuči šuplje kada se lupka po podlozi.

Muffin kruh

Napravi dvije štruce od 900 g/2 lb

300 g/10 oz/2½ šalice integralnog (cjelovitog) brašna

300 g/10 oz/2½ šalice glatkog (višenamjenskog) brašna

40 ml/2½ žlice suhog kvasca

15 ml/1 žlica sitnog (superfinog) šećera

10 ml/2 žličice soli

500 ml/17 tečnih oz/2¼ šalice mlakog mlijeka

2,5 ml/½ žličice sode bikarbone (soda bikarbona)

15 ml/1 žlica tople vode

Pomiješajte brašna. Izmjerite 350 g/12 oz/3 šalice miješanog brašna u zdjelu i umiješajte kvasac, šećer i sol. Umiješajte mlijeko i istucite u čvrstu smjesu. Pomiješajte sodu bikarbonu i vodu i umiješajte u tijesto s preostalim brašnom. Podijelite smjesu u dva podmazana kalupa za kruh (tepsije) od 900 g/2 lb, pokrijte i ostavite da se diže oko 1 sat dok se ne udvostruči.

Pecite u prethodno zagrijanoj pećnici na 190°C/375°F/plinska oznaka 5 1¼ sata dok dobro ne naraste i ne porumeni.

Kruh koji se ne diže

Za jednu štrucu od 900 g/2 lb

450 g/1 lb/4 šalice integralnog (cjelovitog) brašna

175 g/6 oz/1½ šalice samodizajućeg (samodizajućeg) brašna

5 ml/1 žličica soli

30 ml/2 žlice sitnog (superfinog) šećera

450 ml/¾ pt/2 šalice mlijeka

20 ml/4 žličice octa

30 ml/2 žlice ulja

5 ml/1 žličica sode bikarbone (soda bikarbona)

Pomiješajte brašno, sol i šećer i napravite udubinu u sredini. Umutiti mlijeko, ocat, ulje i sodu bikarbonu, uliti u suhe sastojke i umijesiti glatko tijesto. Oblikujte u namašćeni kalup za kruh (tepsiju) od 900 g/2 lb i pecite u prethodno zagrijanoj pećnici na 180°C/350°F/plinska oznaka 4 1 sat dok ne poprime zlatnosmeđu boju i ne zvuči šuplje kada se udari o podlogu.

Tijesto za pizzu

Dovoljno za dvije pizze od 23 cm/9

15 g/½ oz svježeg kvasca ili 20 ml/4 žličice suhog kvasca

Prstohvat šećera

250 ml/8 tečnih oz/1 šalica tople vode

350 g/12 oz/3 šalice glatkog (višenamjenskog) brašna

Prstohvat soli

30 ml/2 žlice maslinovog ulja

Pomiješajte kvasac sa šećerom i malo tople vode i ostavite na toplom mjestu 20 minuta dok se ne zapjeni. Umiješajte u brašno sa soli i maslinovim uljem i mijesite dok ne postane glatko i ne bude više ljepljivo. Stavite u nauljenu zdjelu, prekrijte nauljenom prozirnom folijom (plastičnom folijom) i ostavite na toplom mjestu 1 sat dok se ne udvostruči. Ponovno premijesiti i oblikovati po želji.

Zobeni klip

Za jednu štrucu od 450 g/1 lb

25 g/1 oz svježeg kvasca ili 40 ml/2½ žlice suhog kvasca

5 ml/1 žličica sitnog (superfinog) šećera

150 ml/¼ pt/2/3 šalice mlakog mlijeka

150 ml/¼ pt/2/3 šalice mlake vode

400 g/14 oz/3½ šalice oštrog glatkog brašna (za kruh).

5 ml/1 žličica soli

25 g/1 oz/2 žlice maslaca ili margarina

100 g/4 oz/1 šalica srednje velike zobene kaše

Pomiješajte kvasac i šećer s mlijekom i vodom i ostavite na toplom mjestu dok se ne zapjeni. Pomiješajte brašno i sol, zatim utrljajte maslac ili margarin i umiješajte zobene pahuljice. Napravite udubljenje u sredini, ulijte smjesu od kvasca i zamijesite mekano tijesto. Istresite na pobrašnjenu površinu i mijesite 10 minuta dok ne postane glatko i elastično. Stavite u nauljenu zdjelu, prekrijte nauljenom prozirnom folijom (plastičnom folijom) i ostavite na toplom mjestu da se diže oko 1 sat dok se ne udvostruči.

Ponovno premijesite tijesto, pa oblikujte pogaču po želji. Stavite na podmazan lim za pečenje (kolačiće), premažite s malo vode, prekrijte nauljenom prozirnom folijom i ostavite na toplom mjestu oko 40 minuta dok se ne udvostruče.

Pecite u prethodno zagrijanoj pećnici na 230°C/450°F/plinska oznaka 8 25 minuta dok se dobro ne digne i ne poprimi zlatnosmeđu boju i ne zvuči šuplje kada se tapka po podlozi.

Zobene pahuljice Farl

Čini 4

25 g/1 oz svježeg kvasca ili 40 ml/2½ žlice suhog kvasca

5 ml/1 žličica meda

300 ml/½ pt/1¼ šalice tople vode

450 g/1 lb/4 šalice oštrog glatkog brašna (za kruh).

50 g/2 oz/½ šalice srednje velike zobene kaše

2,5 ml/½ žličice praška za pecivo

Prstohvat soli

25 g/1 oz/2 žlice maslaca ili margarina

Pomiješajte kvasac s medom i malo tople vode i ostavite na toplom mjestu 20 minuta dok se ne zapjeni.

Pomiješajte brašno, zobene pahuljice, prašak za pecivo i sol pa utrljajte maslac ili margarin. Umiješajte smjesu od kvasca i preostalu toplu vodu i zamijesite srednje meko tijesto. Mijesite dok ne postane elastično i ne bude više ljepljivo. Stavite u nauljenu zdjelu, prekrijte nauljenom prozirnom folijom (plastičnom folijom) i ostavite na toplom mjestu oko 1 sat dok se ne udvostruči.

Ponovo lagano premijesite i oblikujte okruglu tijesto debljine oko 3 cm/1¼. Izrežite poprečno na četvrtine i stavite, malo razmaknute, ali još uvijek u izvornom okruglom obliku, na podmazan lim za pečenje (kolačiće). Prekriti nauljenom prozirnom folijom i ostaviti da se diže oko 30 minuta dok se ne udvostruči.

Pecite u prethodno zagrijanoj pećnici na 200°C/400°F/plinska oznaka 6 30 minuta dok ne poprime zlatnosmeđu boju i ne zvuči šuplje kada se lupka po podlozi.

Pitta kruh

Čini 6

15 g/½ oz svježeg kvasca ili 20 ml/4 žličice suhog kvasca

5 ml/1 žličica sitnog (superfinog) šećera

300 ml/½ pt/1¼ šalice tople vode

450 g/1 lb/4 šalice oštrog glatkog brašna (za kruh).

5 ml/1 žličica soli

Pomiješajte kvasac, šećer i malo tople vode i ostavite na toplom mjestu 20 minuta dok ne postane pjenasto. Umiješajte smjesu kvasca i preostalu toplu vodu u brašno i sol i zamijesite čvrsto tijesto. Mijesite dok ne postane glatko i elastično. Stavite u nauljenu zdjelu, prekrijte nauljenom prozirnom folijom (plastičnom folijom) i ostavite na toplom mjestu oko 1 sat dok se ne udvostruči.

Ponovno premijesite i podijelite na šest dijelova. Razvaljajte u ovale debljine oko 5 mm/¼ i stavite na podmazan lim za pečenje (kolačiće). Prekriti nauljenom prozirnom folijom i ostaviti da se diže 40 minuta dok se ne udvostruči.

Pecite u prethodno zagrijanoj pećnici na 230°C/450°F/plinska oznaka 8 10 minuta dok ne porumene.

Brzi smeđi kruh

Napravi dvije štruce od 450 g/1 lb

15 g/½ oz svježeg kvasca ili 20 ml/4 žličice suhog kvasca

300 ml/½ pt/1¼ šalice toplog mlijeka i vode pomiješane

15 ml/1 žlica crnog melase (melase)

225 g/8 oz/2 šalice integralnog (cjelovitog) brašna

225 g/8 oz/2 šalice glatkog (višenamjenskog) brašna

10 ml/2 žličice soli

25 g/1 oz/2 žlice maslaca ili margarina

15 ml/1 žlica mljevene pšenice

Kvasac razmutiti s malo toplog mlijeka i vode te melasu i ostaviti na toplom mjestu dok se ne zapjeni. Pomiješajte brašno i sol pa utrljajte maslac ili margarin. Napravite udubinu u sredini i ulijte smjesu kvasca, miješajući u čvrsto tijesto. Istresti na pobrašnjenu površinu i mijesiti 10 minuta dok ne postane glatko i elastično, ili ga preraditi u multipraktiku. Oblikujte dva kruha i stavite u podmazane i obložene kalupe za kruh (tepsije) od 450 g/1 lb. Vrhove premažite vodom i pospite zrnom pšenice. Pokrijte nauljenom prozirnom folijom (plastičnom folijom) i ostavite na toplom mjestu oko 1 sat dok se ne udvostruči.

Pecite u prethodno zagrijanoj pećnici na 240°C/475°F/plinska oznaka 8 40 minuta dok štruce ne budu šuplje kada ih lupkate po podlozi.

Vlažni rižin kruh

Za jednu štrucu od 900 g/2 lb

75 g/3 oz/1/3 šalice riže dugog zrna

15 g/½ oz svježeg kvasca ili 20 ml/4 žličice suhog kvasca

Prstohvat šećera

250 ml/8 tečnih oz/1 šalica tople vode

550 g/1¼ lb/5 šalica oštrog glatkog brašna (za kruh).

2,5 ml/½ žličice soli

Izmjerite rižu u šalicu, pa ulijte u tavu. Dodajte tri puta više hladne vode, zakuhajte, poklopite i kuhajte oko 20 minuta dok voda ne upije. U međuvremenu pomiješajte kvasac sa šećerom i malo tople vode i ostavite na toplom mjestu 20 minuta dok ne postane pjenasto.

Stavite brašno i sol u zdjelu i napravite udubinu u sredini. Umiješajte smjesu kvasca i toplu rižu i zamijesite mekano tijesto. Stavite u nauljenu zdjelu, prekrijte nauljenom prozirnom folijom (plastičnom folijom) i ostavite na toplom mjestu oko 1 sat dok se ne udvostruči.

Lagano mijesite, dodajući još malo brašna ako je tijesto premekano za rad, i oblikujte u podmazan kalup za kruh (tepsiju) od 900 g/2 lb. Prekrijte nauljenom prozirnom folijom i ostavite na toplom mjestu 30 minuta dok se tijesto ne digne iznad vrha kalupa.

Pecite u prethodno zagrijanoj pećnici na 230°C/450°F/plinska oznaka 8 10 minuta, zatim smanjite temperaturu pećnice na 200°C/400°F/plinska oznaka 6 i pecite još 25 minuta dok ne porumene i ne budu šuplje -zvuči pri lupkanju po bazi.

Štruca s rižom i bademima

Za jednu štrucu od 900 g/2 lb

175 g/6 oz/¾ šalice maslaca ili margarina, omekšalog

175 g/6 oz/¾ šalice sitnog (superfinog) šećera

3 jaja, lagano tučena

100 g/4 oz/1 šalica oštrog glatkog brašna (za kruh).

5 ml/1 žličica praška za pecivo

Prstohvat soli

100 g/4 oz/1 šalica mljevene riže

50 g/2 oz/½ šalice mljevenih badema

15 ml/1 žlica tople vode

Miksajte maslac ili margarin i šećer dok ne postane svijetlo i pjenasto. Postupno umiješajte jaja, zatim dodajte suhe sastojke i vodu da dobijete glatko tijesto. Oblikujte u namašćeni kalup za kruh (tepsiju) od 900 g/2 lb i pecite u prethodno zagrijanoj pećnici na 180°C/350°F/plinska oznaka 4 1 sat dok ne poprime zlatnosmeđu boju i ne zvuči šuplje kada se udari o podlogu.

Hrskavi dvopek

Čini 24

675 g/1½ lb/6 šalica glatkog (višenamjenskog) brašna

15 ml/1 žlica kreme od zubnog kamenca

10 ml/2 žličice soli

400 g/14 oz/1¾ šalice sitnog (superfinog) šećera

250 g/9 oz/velikodušno 1 šalica maslaca ili margarina

10 ml/2 žličice sode bikarbone (soda bikarbona)

250 ml/8 tečnih oz/1 šalica mlaćenice

1 jaje

Pomiješajte brašno, tartar i sol. Umiješajte šećer. Utrljajte maslac ili margarin dok smjesa ne podsjeća na krušne mrvice i napravite udubinu u sredini. Pomiješajte sodu bikarbonu s malo mlaćenice, au preostalu mlaćenicu umiješajte jaje. Ostavite 30 ml/2 žlice smjese od jaja za glaziranje dvopeka. Ostatak umiješajte u suhe sastojke sa smjesom sode bikarbone i umiješajte u čvrsto tijesto. Tijesto podijelite na šest jednakih dijelova i oblikujte kobasice. Svaku malo spljoštiti i izrezati na šest dijelova. Složite u podmazan lim za pečenje (kolačiće) i premažite odvojenom smjesom od jaja. Pecite u prethodno zagrijanoj pećnici na 200°C/400°F/plinska oznaka 6 30 minuta dok ne porumene.

Raženi kruh

Napravi dvije štruce od 450 g/1 lb

25 g/1 oz svježeg kvasca ili 40 ml/2½ žlice suhog kvasca

15 ml/1 žlica mekog smeđeg šećera

300 ml/½ pt/1¼ šalice tople vode

450 g/1 lb/4 šalice raženog brašna

225 g/8 oz/2 šalice jakog brašna (za kruh).

5 ml/1 žličica soli

5 ml/1 žličica sjemenki kima

150 ml/¼ pt/2/3 šalice toplog mlijeka

Pomiješajte kvasac sa šećerom i malo tople vode i ostavite na toplom mjestu dok se ne zapjeni. Pomiješajte brašno, sol i sjemenke kima i napravite udubinu u sredini. Umiješajte smjesu kvasca, mlijeko i preostalu vodu i zamijesite čvrsto tijesto. Istresti na pobrašnjenu površinu i mijesiti 8 minuta dok ne postane glatko i elastično, ili preraditi u multipraktiku. Stavite u nauljenu zdjelu, prekrijte nauljenom prozirnom folijom (plastičnom folijom) i ostavite na toplom mjestu oko 1 sat dok se ne udvostruči. Ponovno premijesite, zatim oblikujte dvije štruce i stavite na podmazan lim za pečenje (kolačiće). Prekriti nauljenom prozirnom folijom i ostaviti da se diže 30 minuta.

Pecite u prethodno zagrijanoj pećnici na 220°C/425°F/plin oznaka 7 15 minuta, a zatim smanjite temperaturu pećnice na 190°C/375°F/plin oznaka 5 daljnjih 25 minuta dok štruce ne budu šuplje kada ih kucnete na bazi.

www.ingramcontent.com/pod-product-compliance
Lightning Source LLC
Chambersburg PA
CBHW070403120526
44590CB00014B/1241